古代歷史文化 研究輯刊

十六編

王明蓀 主編

第 32 冊

鄭樵史學及其他

林時民 著

國家圖書館出版品預行編目資料

鄭樵史學及其他／林時民 著 ― 初版 ― 新北市：花木蘭文化
出版社，2016〔民 105〕
序 2+ 目 2+178 面；19×26 公分
（古代歷史文化研究輯刊 十六編；第 32 冊）
ISBN 978-986-404-777-2（精裝）
1.（宋）鄭樵 2. 學術思想 3. 史學
618   105014281

ISBN-978-986-404-777-2

9 789864 047772

古代歷史文化研究輯刊
十六編　第三二冊　　　　　　ISBN：978-986-404-777-2

鄭樵史學及其他

作　　者　林時民
主　　編　王明蓀
總 編 輯　杜潔祥
副總編輯　楊嘉樂
編　　輯　許郁翎、王筑　美術編輯　陳逸婷
出　　版　花木蘭文化出版社
社　　長　高小娟
聯絡地址　235 新北市中和區中安街七二號十三樓
　　　　　電話：02-2923-1455 ／傳眞：02-2923-1452
網　　址　http://www.huamulan.tw 信箱 hml 810518@gmail.com
印　　刷　普羅文化出版廣告事業
初　　版　2016 年 9 月
全書字數　150147 字
定　　價　十六編 35 冊（精裝）台幣 68,000 元

鄭樵史學及其他

林時民　著

作者簡介

林時民

1950 年生，台灣台中清水人。

台灣師範大學歷史研究所碩士、博士。

中興大學歷史學系教授，2015.8.1. 榮退。

著有：《劉知幾史通之研究》（1987）、《史學三書新詮：以史學理論為中心的比較研究》（1997）、《中國傳統史學的批評主義：劉知幾與章學誠》（2003）、《統帥與鑰匙：中國傳統史學十五論》（2005）、《台中市志・教育志》（2008）、《劉知幾史學論稿》（2015）、《章學誠研究論稿》（2015）、本書及相關學術論文卅餘篇。

提　　要

　　本書主要分「史學」及「其他」兩部份。「史學」搜緝南宋重要史家鄭樵在其傳世名作《通志》及《夾漈遺稿》中所呈現的史學思想、史學理論。是章學誠所稱譽的「（鄭樵）慨然有見於古人著述之源，而知作者之旨」並「獨取三千年來遺文故冊，運以別識心裁」撰作《通志》以「承通史家風，而自為經緯，成一家言者也」。《通志》在史學史的地位與性質，遂而大抵底定。輯中復以史學批評的角度，審視鄭樵以會通的史觀，在歷史編纂及校讎目錄糾繩前人撰述，提出高見；更以實學的主張，大批古來機祥妖妄及宋代義理辭章。以此兩方面的探討，爰知鄭樵史學固可垂傳千古，不可代代易也。

　　至於「其他」，實因蒐求論文性質多端，不易以一概其全，故用此兩字（英文作 others）以含攝之，並俾得以鑒知筆者往年除專犖劉知幾、章學誠兩氏史學之外，猶不願過早趨於定型，仍嘗試其他門類、未知領域，測試自己的性向，結果倖留少數篇章，容可一收，輯於冊中，也記載不佞在求學、教書、研究過程中所留下之些許雪泥鑿痕。凡此，謹願供予後進好學卓參酌用，則於心足矣。

序　言

　　中國史學自史公司馬遷揭櫫「究天人之際，通古今之變，成一家之言」後，後世學者多奉爲圭準，執行如儀，乏人逾越。史公此句名言，遂衍爲史學要則。即便後二千餘年以降，吾人今日治史，恐仍不能自外於此則指導思想，並懸其爲鵠命，以克臻於此境爲目標。

　　史公的《史記》即是其究天人、通古今的一家言，開孔子《春秋》以還的史學大變局，從此史公所開創之五體紀傳體裁變成廿五「正史」之首。直迄于今日大陸官方編撰《中華民國史》改用源自西方之「章節體」，始有一蹶，唯紀傳體爲史學要裁，已行之二千多年之久，早已成爲中國傳統史學重要遺產，自是不在話下。

　　唯後漢班固撰《漢書》改《史記》之通古爲斷代，後世史家竟沿用此體而不改斯道，成爲常例。其中有本書蒐羅之北宋南宋之交學者鄭樵，因鑒於久來斷代爲史有重複敘述、前後隔絕乃至史評不一等等弊端，遂復提倡撰述通史之必要，其發心促使其《通志》之撰就，成爲現存中國通史型之紀傳體裁史書的第二部，意義自然非凡。筆者遵循前賢梁任公、張舜徽、呂思勉等諸博彥之啓迪教化，踵武其後，亦效顰施美，撰成輯中〈鄭樵史學〉二文，一就史學思想及史學理論探索其學，二以史學批評重勘鄭樵史學實乃有所憑據，並透過批評，達到反省批判、繼承創新的效果。對於其傳世巨作之《通志》而言，以上兩者，實際二而一，一而二。

　　至於鄭樵而外，拙稿〈「通古今之變」的史學傳統〉秉承史公馬遷名言，另就後世歷代較具代表性之史家如杜佑、司馬光等等諸氏，雖無能盡，但就以上諸輩，可以審知各人所成就者名目雖殊，或在紀傳體通史、史學批評理

論、典制體通史、編年體通史等不同領域上，樹立風聲，揚名立萬；唯根本之道，析其體要，實皆源於史公的「通古今之變」的思想。即使斷代史書，通變思想仍不可或缺，吾人或可因此而更明白歷史學固必求通、明變、評斷之理也。

本輯除上述攸關中國史學專題之外，其餘搜羅篇章則具多樣性，如〈九年一貫社會領域歷史教材〉屬歷史教育性質；〈由未來學的發展看西洋現代文化的未來〉則屬未來學（Futurology）或西方現代文化性質專文；〈從清末的棉紡織業看官督商辦制度〉則屬社會經濟性質，記得筆者修習台師大歷史所碩士班時，時劉翠溶院士受台大師大合聘在台師大博碩班開授「中國經濟史研究」課程，筆者當時選修該課，期末就該專題撰述學期報告呈繳劉師，後劉師批回該文封面有數語，最後是「可試為發表」，筆者得此鼓勵，遂投專業刊物《食貨月刊》復刊，得蒙採用，遂有茲文得以保存迄今，留用作今稿，一併收輯。就此以言，茲文較富紀念性。另附錄有〈歷史的趣味〉顧名即悉有關歷史本質（Nature），亦有紀念性可略為一道。記得筆者初入台大作新鮮人時，大一國文老師陳舜政先生（時台大中文系專任副教授，為大家屈萬里院士之高弟），作文課出有三題讓同學自選，筆者以身為歷史系初學，遂擇該題撰抒己見，後陳師發下作文，竟得全班之冠，於焉外投《民族晚報‧副刊》，得獲用最要版位刊出，並辱蒙副刊編輯托人致言邀稿，是亦略值一敘。尤於退休之後，前塵往事猶歷歷在目，雖無特殊意義，唯於茶餘或可聊為談資。

祇是萬法皆有緣起，「其他」部份，就容我不必贅言。且讓我發願，雖本書收羅論篇質量有限，係囿於質陋才窘所致，仍願於後進猶可察酌參用。最後，感謝花木蘭文化出版社上下鼎助，謹此拜謝。

林時民

2016.4.5.謹序於興大人文大樓 604 研究室

序 言

史 學

其 他

目次

鄭樵的《通志略》及其史學[*]

一、前言

宋代史家鄭樵（生於北宋徽宗崇寧 3 年，卒於南宋高宗紹興 32 年，1104〜1162），一生著作閎富，有《通志》、《夾漈遺稿》、《爾雅注》、《詩辨妄》等等傳世，[註1] 在史學史上有重要地位。其著作中，以《通志》最要，是鄭樵擅名百代的不刊典著。唯此書之性質沒有定說，或有視之為「類書」者；[註2] 或有視之為繼《史記》之後，現存的一部紀傳體裁的「通史」；

---

[*] 本文原載《興大歷史學報》5，（台中，1995.6），頁 61〜95。

[註1] 鄭樵一生著作不斷，成書極夥。顧頡剛考出有 68 種之多，〈鄭樵著述考〉，《國學季刊》1：1（1923），頁 101〜138。鄭奮鵬則推測有 88 種，可參鄭著，《鄭樵的校讎目錄學》（台北：學海出版社，1983）第二章〈鄭樵的著作〉所考。廈門大學歷史系鄭樵研究小組，則調查出 84 種，參〈鄭樵史學初探〉，《中國史學史論集》（上海：人民出版社，1980）第二冊，頁 319。以上三種說法，都可知道鄭樵著述極多，唯留傳後世者，僅正文所述數書而已，餘均散佚，殊為可惜。而且留傳下來的四書當中，《夾漈遺稿》只是殘本；《爾雅注》已經無圖；1933 年顧頡剛所輯之《詩辨妄》亦僅輯佚而得，只有《通志》完整保留。至於《六經奧論》則有偽書之嫌，故不列入。此可參江口尚純，〈「六經奧論」疑義〉，《中國古典研究》第 36 號（1991.12），頁 56〜64。

[註2] 元・劉壎，《隱居通議》（台北：台灣商務印書館，叢書集成初編，1937 年初版）有云：「……先生自序〈二十略〉之大旨如此，其編摩之勤，意度之新，誠為苦心，千載獨步。然披覽究竟，似亦止是類書。」見卷 31，夾漈通志條，頁 323。到現代，劉伯驥在其《宋代政教史》（台北：台灣中華書局，1971）類書條上亦云：「鄭樵撰《通志略》200 卷，自序謂總天下之大學術而條其綱目，名之曰略，凡二十略，百代憲章，學者之能之，盡於此矣」，參第六章，學藝（二），頁 1333。筆者案：劉氏前言《通志略》二〇〇卷之中「略」應去掉，否則容易產生《通志》與《通志略》區分上的混淆。劉氏所言乃本諸明正德年間刻本所致，今當分。

〔註3〕亦或有視之爲與《通典》、《文獻通考》齊等之「典制史」，而名列「三通」之一；近或更有取之與《史通》《文史通義》合論爲所謂「史學三書」者，〔註4〕可謂各有所見而莫衷一是。〔註5〕究其實際，上述四種論法都各有專見，《通志》皆有其關連。然其命意，固皆與《通志》之中的〈二十略〉有不可脫離的干係。何以言之？以上述第一義審視之，〈二十略〉是由紀傳體史書的書志擴編而成，內容含蓋上古至隋唐或五代不等的不同學術文化層面，故能成爲百科全書式的綜合文化史，有一種類書的性質；以第二義來看，鄭樵在南宋高宗紹興8年（1138）他35歲那年即想寫一部繼《史記》之後，貫通古今的通史可知。此點在〈寄方禮部書〉裡有其自述：「諸史家各成一代之書而無通體，樵欲自天子中興，上達秦漢之前，著爲一書，曰《通史》，尋記法制」明顯看出。〔註6〕尤其《通志》分紀、年譜、略、列傳、載記、四夷傳等體裁形式撰述，即是紀傳體的正式寫法，當然符合第二義；再以第三義的「三通」典制史來看，則主要取決於〈二十略〉，不問可知，素來史家多就此義發論，本文可以不必贅言；復以第四義「三書」來看，雖目前學界尚未普遍採納，但頗有其理蘊，可以闡揚出來。本文拾棄〈二十略〉以外的體裁，專論〈二十略〉，卻欲透過二十略而更精緻地闡述並顯現鄭樵史學的內蘊。

當然，本文由第四義出發來論鄭樵史學，固然與此義多不爲以前史家注意而仍然可以成論圓說之外，最主要的原因即是《通志》本身自南宋刊布以來，後世學者即有褒貶不定的評見，雖時代愈後，《通志》愈有受到肯定的趨

〔註3〕章學誠，《文史通義·釋通》（台北：華世出版社，1980），內篇四，頁131。

〔註4〕張舜徽，《史學三書平議》（北京：中華書局，1983）即首置「三書」合論，唯偏箋注性質。筆者承張氏、梁任公及呂思勉三氏之啓發，亦聚此「三書」擴大比較其同異、優劣、長短、僞眞，而著重在史學理論的範圍內立論，撰寫筆者在台灣師範大學歷史研究所的博士論文（1993）。經筆者研究發現，「三書」合論，不僅可行，而且甚有意義，鄭樵史學在中國史學史上，別添一新意，於焉似可確立。

〔註5〕另有《四庫全書總目》置《通志》於別史類。章太炎以爲因《通志》帝紀列傳，選錄原史，不合「三通」體例，故然。筆者以爲《總目》編者未明《通志》無一定特性，故置之於別史，若明瞭上述四種性質，則何必另置于別史？其實上述四種說法，恐仍以第二義的「通史」才是最合乎鄭樵本人的初衷，此點請參註6引文。

〔註6〕《夾漈遺稿·寄方禮部書》（台北：台灣商務印書館，景印文淵閣四庫全書本，第1141冊，1983重印）卷2，頁516～519。

勢，但仍有若干學者持否定的見解，〔註7〕倒是《通志二十略》則不論宋元明清或是近代的學者，大都肯定《通志二十略》是鄭樵史學的菁華而無旁辭；更有學者從《通志》析出〈二十略〉，另成《通志略》專書加以校注，〔註8〕可見由《通志略》來析述鄭樵史學，應係較爲可靠的方法之一。本文以下即由《通志略》分析鄭樵史學中所含有的思想、理論與方法論的成份，兼論及其缺失影響，以俾對鄭樵的史學建立一種新的理解。

二、《通志略》與鄭樵的史學思想

　　史家的史冊史論成型之先，大都有久來治學心得，凝聚成型的史學思想做爲指導原則，然後再肆論於其史著之中，鄭樵《通志（略）》一書，亦可發現這種思想成份，本文擬對之進行一番闡幽發微的梳理工作，茲分四項重點分別提敘其理念之運作。

（一）會通思想

《通志略》一書的開頭〈總序〉即提出：

> 百川異趣，必會于海，然後九州無浸淫之患；萬國殊途，必通諸夏，
> 然後八荒無壅滯之憂，會通之義大矣哉！自書契以來，立言者雖多，
> 惟仲尼以天縱之聖，故總詩書禮樂而會於一手，然後能同天下之文；
> 貫二帝三王而通爲一家，然後能極古今之變。是以其道光明百世之
> 上，百世之下不能及。〔註9〕

標舉出「會通」是《通志略》的思想源頭，可謂論點鮮明。此處所謂的「會」是指「總詩書禮樂，會於一手」，「會《詩》、《書》、《左傳》、《國語》、《世本》、《戰國策》、《楚漢春秋》之言」；〔註10〕所謂「通」，是指「貫二帝三王通爲

〔註 7〕 金靜庵，《中國史學史》（台北：鼎文書局，1974 排印本），頁 196〜197。另台灣大學王德毅教授主試筆者畢業論文口試時所陳述對鄭樵之評見，亦多傾向否定的一面。

〔註 8〕 明陳宗夔於正德年間刻之，後有何天馬之校，筆者索讀《通志略》（台北：里仁書局翻印，1982，台一版），即本此書。其實《通志略》一書在元代即已刊布，劉壎《隱居通議》卷 31 所述，表示他只見《通志略》單獨流行，《通志》全書尚未之見。《莆田縣志》（台北：成文出版社，1968，台一版）卷 21，《鄭鈇傳》云：「入元不復仕，嘗與陳子修讎校《通志略》，盡復夾漈詮次之舊」作了校勘工作。崔京玉（韓），《鄭樵通志之研究》（台灣大學歷史所碩士論文，未刊，1987），頁 50〜51 也談到此點。

〔註 9〕 鄭樵，《通志略·總序》，頁 1。

〔註10〕 鄭樵，《通志略·總序》，頁 1。

一家」、「通黃帝、堯舜至秦漢之世」，〔註11〕其涵義十分遼闊精闢。其所欲「會」
「通」者，實際即是：「天下之理，不可以不會；古今之道，不可以不通，會
通之義大矣哉！〔註12〕與前面引文仍是相通的，可知「會通」是「會天下之
文」、「會天下之理」而「通二帝三王爲一家」、「通古今之變」；簡捷地說「會
通」的意義即於「會理通道」以求得「古今之變」。由此略爲引伸地說，鄭樵
是要求會通天下之「理」和「道」，以其史家身份而言，其意即在探求歷史的
演變及其原因，此即他在《通志略》中所欲闡明的寫作宗旨；〔註13〕這裡，
他所說的天下之道，即「仲尼之教」、「周公之意」、「六經之旨」，他在〈上宰
相書〉有說到：

> 仲尼之爲書也，凡典謨訓誥誓命之書，散在天下。仲尼會其書而爲
> 一，舉而推之，上通於堯舜，旁通於秦魯，使天下無遺書，世代無
> 絕緒，然後爲成書。〔註14〕

可知鄭樵指出的「會通」，受孔子作《春秋》的影響很深所致，所以他「祇願
會通百家，集天下之書爲一書」。〔註15〕鄭樵的會通思想，除淵源於孔子之外，
也受到司馬遷的「通古今之變」的一定影響，他曾說：「水不通於海，則濫水；
途不通於夏，則爲窮途。論會通之義，以爲宋中興之後，不可無修書之文，
修書之本，不可不據仲尼、司馬遷會通之法。」〔註16〕《通志略》受「仲尼、
司馬遷會通之法」的教化編撰而成，於焉可以深切明瞭。然而做爲史學思想
的會通而言，鄭樵以「貫通古今」爲目標，以「相因依」之義蘊互相聯繫來
看待整個歷史，時間上指的是從古到今的整個歷史發展（貫通），空間上指的
是整個社會的發展史（旁通）。此觀念落實到編修史書的實踐層次時，即綜合
古代各種書籍而修成包羅萬象的著作，是其所謂的「集天下之書之一書」了。
故此書就不只是歷史資料，而包含了各種學術領域，〔註17〕因而「會通」可
謂是鄭樵修史的思想指導原則。

〔註11〕 鄭樵，《通志略‧總序》，頁1。
〔註12〕 《夾漈遺稿‧上宰相書》，頁521上。
〔註13〕 《通志略‧總序》，頁1。
〔註14〕 《夾漈遺稿‧上宰相書》，頁521上。
〔註15〕 《夾漈遺稿‧上宰相書》，頁521上。又可參江口尚純，〈鄭樵の經書觀一特
にその詩經學‧春秋學をめぐって一〉，《日本中國學會報》第44集，日本中
國學會（1992.10），頁148～9。
〔註16〕 同前註。
〔註17〕 廈門大學鄭樵研究小組，〈鄭樵史學初探〉，頁321。

　　錢賓四以爲對學術的會通，就是對學問的博通；〔註18〕蘇淵雷指出「會通」是古今學術的總傾向；〔註19〕婁曾泉更以爲鄭樵的「會通」思想，不能僅作理解史事的綜合彙纂，年代的順序貫通，而且還必須認識到他以孔子、司馬遷的觀點，解釋歷史發展及其因革變化的原因，〔註20〕都是職乎此理而引發的確論。

（二）批判意識

　　鄭樵的批判意識強烈濃厚，也在《通志略》中有充分的體現。他敢於批判歷代學者的學術見解，也敢於批判傳統觀點和當時流行學術思想，從而提出自己的見解主張，所以批判意識也是鄭樵史學思想中的菁華，值得重視。本文僅就其在《通志略》中的言論以析其思想，至於專屬史學理論部分則留置下節再述，以免重踏。

　　鄭樵的會通觀念，頗受史遷的影響，已見上文；而其批判意識則受唐代史官劉知幾的左右，鄭樵的《通志》的有不少論點和詞句，都承繼或襲用《史通》的舊文而來，故鄭樵會特別推重司馬遷和劉知幾，稱他們是「二良史」原也有理致可尋。

　　劉知幾曾指出虛妄的漢代陰陽五行和災異祥瑞之說，與史書之中任情褒貶同樣有害史實，鄭樵也繼承此項觀點，在《通志略・災祥略》指出：「仲尼既沒，先儒駕以妖妄而欺後世。後世相承，罔敢失墜者，有兩種學。一種妄學，務以欺人；一種妖學，務以欺天。」〔註21〕鄭樵指出妖學歪曲了自然現象，妄學歪曲了歷史現象，是學術史上傳衍已久的兩種惡劣傳統。他甚至還更詳細地闡述「欺天之學」與「欺人之學」的實際情形：

> 説〈洪範〉者，皆謂箕子本河圖洛書以明五行之旨。劉向創釋其傳於前，諸史因之而爲志於後。析天下災祥之變而推之於金木水火土之域，乃以時事之吉凶而曲爲之配。此之謂欺天之學。〔註22〕

〔註18〕錢穆，《中國史學名著》（台北：三民書局，1973），第2冊，頁249。

〔註19〕蘇淵雷，〈劉知幾、鄭樵、章學誠的史學與就及其異同〉（上），《上海師範大學學報》1997：4，頁85。

〔註20〕婁曾泉，〈鄭樵〉，《中國史學家評傳》（河南：中州古籍出版社，1985）中冊，頁546。

〔註21〕《通志略・災祥序》，頁755。

〔註22〕《通志略・災祥序》，頁755。

基本上，鄭樵認為「民事必本於時，時序必本於天」，〔註23〕災祥的記載，雖然不是全無意義，但必須於人事攸關，對人事有益方可。所以他在《通志略·天文略》對春秋時代的「占候之說」及漢代的讖緯災祥之說都提出尖銳的指摘，並道出他撰寫〈天文略〉是「正欲學者識垂象以授民時之意而杜絕其妖妄之源焉」；〔註24〕撰〈災祥略〉是「專以記實跡，削去五行相應之說，所以絕其妖」。〔註25〕

除此外，他對後世學者妄釋孔子《春秋》亦予以譴責，稱之為「欺人之學」，有云：「凡說《春秋》者，皆謂孔子寓褒貶於一字之間，以陰中時人，使人不可曉解。三傳唱之於前，諸儒從之於後，盡推己意，而誣以聖人之意。此之謂欺人之學。」〔註26〕鄭樵明顯譴責盡推己意而誣聖人之意的學者，而稱之為「欺人之學」。另方面，他對以前的史家常以一國一朝的立場，崇其本國本朝，而對他國他朝則大肆攻擊，也甚表不滿；尤其對史家以個人好惡為出發點而任情褒貶史事，更是如此，他相當深刻地說出：

> 曹魏指吳蜀為寇，北朝指東晉為僭；南謂北為索虜，北謂南為島夷。《齊史》稱梁軍為義軍，謀人之國可以為義乎？《隋書》稱唐兵為義兵，伐人之君可以為義乎？房玄齡董史冊，故房彥謙擅美名；虞世南預修書，故虞荔、虞寄有嘉傳。甚者，桀犬吠堯，吠非其主。《晉史》黨晉，而不有魏。凡忠於魏者，目為叛臣，王凌、諸葛誕、毋丘儉之徒，抱屈黃壤。《齊史》黨齊，而不有宋。凡忠於宋者，目為逆黨，袁粲、劉秉、沈攸之之徒，含冤九原。〔註27〕

他反對這種「專事褒貶」的做法，認為「傷風敗義，莫大乎此」。主張根本廢除褒貶美刺，以為只要從實記載，則忠良凶逆自見，史家不必多加論評。此點仍然符合時義，今日史學的要求準則也作如此。

鄭樵還批判了義理辭章之學，指出「仲尼既沒，百家諸子興焉，各效《論語》以空言著書，至於歷代實蹟無所紀繫」。〔註28〕他對這種「操窮理盡性之說，而以虛妄為宗」的學風極為不滿。以鄭樵重視實學的態度而言，當然他認為義理辭章之學沒有意義。

〔註23〕《通志略·總序》，頁 1。
〔註24〕《通志略·天文序》，頁 197。
〔註25〕《通志略·災祥序》，頁 755。
〔註26〕《通志略·災祥序》，頁 755。
〔註27〕《通志略·總序》，頁 2。
〔註28〕《通志略·總序》，頁 1。

　　此外，鄭樵對於歷代某些學者的學術，也往往採取批判和懷疑的態度，譬如，在《通志略‧校讎略》批判了《漢志》《唐志》《崇文總目》及三館四庫之書的缺點和錯誤，即使對於他所推崇的《隋志》，也指出其中不少錯誤；在同書〈圖譜略〉中也批判了《七略》只收書，不收圖的錯誤，指摘「歆向之罪，上通於天」；在《夾漈遺稿‧寄方禮部書》中，更批判了歷代學者對於《春秋》、《詩》研究的種種錯誤，譏笑他們只抱書本、脫離實際的學風，以及喜據己意糾正前人的膚淺作法。這些都是鄭樵批判意識強烈的表現。在理學盛行的宋代，在傳統思想影響很深的學術界當中，他敢於批判，提出自己的見解，這種精神無疑十分可貴。〔註29〕

（三）懷疑精神

　　鄭樵的懷疑精神相當豐富，可由他注重「考信傳疑」的態度獲得結論。他曾說過：「若無覈實之法，何以得書之情？」，〔註30〕此處所謂的「覈實」指的是實事求是的研究方法。此法的首要步驟即在懷疑，必須先要注意文獻的真偽，再進而考訂辨偽。易言之，即對古籍文獻不輕信妄從，核實索象之後才直筆記載。他根據這個原則對古代文獻加以研究，曾舉例說明：「三王之事，蓋已久矣，臣之所志，在於傳信，其有傳疑者，則降而書之，以備記載云。」〔註31〕他對疑難問題，都是降格書寫，加上許多按語來考辨訂誤的。設若鄭樵無懷疑精神，何能臻此？故其所編入《通志（略）》作為正文內容者，大都係經其考訂過的史實。姑不論其精審正確的程度如何，但透過懷疑批判則是無可置疑的。不僅如此，其傳疑的「按語」裡也保留了不少珍貴史料，可供後學參考，是其考信傳疑之餘，對後世的額外貢獻之一。

　　鄭樵的考信訂誤，大致採用兩種辦法。首先是依據文獻的記載加以互校，如對周武王伐紂的年代考證，即是運用〈泰誓〉與〈洪範〉兩文互相對校之後，考訂〈泰誓〉序文有誤的。另外在考證梁朝〈呂僧珍傳〉紀年的錯誤時，則參照姚思廉的《梁書》本傳，李延壽《南史》與沈約《宋書》加以互校，指明其所誤的。其次是依據實物圖譜的研究，以與文獻相佐證。他在《通志略‧圖譜略》強調圖譜的重要，主張圖文並重和索象。他說：「為天下者不可

〔註29〕廈門大學鄭樵研究小組，〈鄭樵史學初探〉，頁328～329。又可參江口尚純，〈「六經奧論」疑義〉，頁149～151。

〔註30〕《通志略‧圖譜略》，〈明用〉，頁730。

〔註31〕《通志‧三皇紀第一》（台北：新興書局，1965），卷1，頁31，按語。

以無書，爲書者不可以無圖譜，圖載象，譜載系，爲圖所以周知遠近，爲譜所以洞察古今。」〔註32〕又在《通志略‧金石略》主張金石款識，經久不變，「以茲稽古，庶不失眞」。〔註33〕他也利用地下出土物以考核史事，如西漢「四皓」之中，有誤「圈公」爲「園公」者，鄭樵疑之並考辨之，指出：

> 顏師古匡俗正謬有圈稱，陳留風俗傳自序云圈公之後。圈公爲秦博
> 士，避地南山，漢祖聘之不就，惠太子即位，以圈公爲司徒。近世
> 商於耕夫掘地，得漢世石刻數種，有云圈公神主，綺里季神主，角
> 里先生神主，又各有神祚機，皆漢人隸書，其號不應有誤。然則圈
> 之爲圈信矣。特冊牘傳寫之訛耳。〔註34〕

以上所舉簡單數例，以證知鄭樵寫《通志（略）》也存有「考信傳疑」的精神。透過這項精神，進而糾謬訂誤，達到核實索象的目的。

（四）進步觀念

鄭樵的史學進步觀可從《通志略》中的史學批評中看出來。大致可分爲下述兩方面：

1. 關於人類的進化

鄭樵對人類的產生有其個人獨特的見解，以爲人是從動物中分化出來的。他說：

> 人與蟲魚禽獸同物，同物者，同爲動物也。
>
> 人爲萬物之靈，所以異於蟲魚者，蟲魚禽獸動而俯，人動而仰，獸
> 有四肢而衡行，人有四肢而從行。〔註35〕

人的直立行走是造成人與動物的區別。至於人類最初社會的變化，鄭樵綜合了先秦文獻材料，描述說：

> 臣謹按三皇伏羲但稱氏，神農始稱帝，堯舜始稱國。自上古至夏商
> 皆稱名，至周始稱謚，而稱氏者，三皇以來未嘗廢也。年代則稱紀。
>
> 厥初生民，穴居野處，聖人教之結巢以避蟲豸之害，而食草木之實，
> 故號有巢氏，亦曰大巢氏，亦謂之始君，言君臣之道於是乎始也。
>
> 有天下百餘代，民知巢居未知熟食，燧人氏出焉，觀星辰而察五木，

〔註32〕《通志略‧圖譜序》，頁730。
〔註33〕《通志略‧總序》，頁5。
〔註34〕《通志‧隱逸傳》（卷177），頁2833，按語。
〔註35〕《通志略‧六書略》〈論衡從〉，頁170。

知空有火，麗木則明，故鑽木取火，教民以烹飪之利，號燧人氏。
以夫燧者，火之所生也。時無文字，未有甲曆紀年。始作結繩之政
而立傳教之台。始為日中之市而興交易之道，亦謂之遂皇。或言遂
皇持斗機運轉之法，以施政教，此亦欽若昊天以授民時之義。〔註36〕

鄭樵的這段敘述，把人類社會看做是從穴居野處開始而不斷進化的過程。比
起司馬遷《史記》所確定的人類歷史開端的時代，還向前推進了一大步，同
時指出其階段性的變化。這反映在姓氏學上是稱氏、稱帝、稱國、稱名、稱
謚的不同，氏族的演變，又產生了以血緣關係為基礎的宗法制度的古代社會
組織基本結構之變遷。〔註37〕最後，鄭樵指出文字、文化及交易是歷史進展
到一定階段之後才會產生的。

吳懷祺把鄭樵的上段話與司馬光《稽古錄》作比較，發現司馬光也寫了
伏羲氏，但他重視的是伏羲「以木德繼天而王」，說明皇權天授的由來；又與
《韓非子·五蠹》和柳宗元的《貞符》相比較，發現鄭樵增多了文字的產生
等內容。〔註38〕這些都說明鄭樵對不典之言、不雅之訓的取捨，在一定程度
上接受了先秦思想家的歷史進化觀點。

鄭樵也受到唐代杜佑的影響，強調典制的「損益因革」，這是他對客觀歷
史進程的又一重要觀點。他引杜佑的議論，說：「人之常情，非今是古，不詳
古今之異制。……詳觀三代制度，或沿或革不同，皆貴適時，並無虛事。豈
今百王之末，畢循往古之儀？」〔註39〕說明古今典制有沿革，後世不能也不
應完全按照古代制度行事。他後來在《通志略》的〈氏族略〉、〈器服略〉、〈謚
略〉諸篇也都注意寫出制度變化的事實，其所謂「世有變改，異制殊狀，今
略舉沿革」即是。〔註40〕

2. 二十略的提出

鄭樵改古代史書的「志」為「略」，並擴大為〈二十略〉，可以說是鄭樵
把舊志的範疇發揚光大，用前面所言的「會通」方式，集合學術和文化各方

〔註36〕 《通志·三皇紀》，頁31，按語。
〔註37〕 尹達主編，《中國史學發展史》（台北：天山出版社，翻印本，未註時間）上
　　　　冊，頁194。
〔註38〕 吳懷祺，〈《通志》的史學批評〉，《史學史研究》1988：4，頁25。
〔註39〕 《通志略·禮略》〈公侯大夫士婚禮〉按語，頁291；杜佑原議，參《通典》
　　　　（北京：中華書局，校點本，1988）卷58，頁1644～57。
〔註40〕 《通志略·器服略第二》，頁332，按語。

面，使《通志》的內容豐富多彩，故歷來都被認爲是一種創新，不僅引導後學更全面地去理解歷史各專門領域學問的源流、發展情形，更且反映出鄭樵勇於突破革新的撰述態度。

〈二十略〉的名稱內容，不再繁贅。本文僅就鄭樵撰述的用心以明其進步、發展、演化的觀點。其〈氏族略〉研究古今姓氏學的發展，他指出首先必須澄本正源，釐清姓氏源流，方不致記載錯誤，再由此進而研究中國社會組織和族姓沿革，即有所憑本。〈六書略〉則含有很深用意，他說：「經術之不明，由小學之不振；小學之不振，由六書之無傳。聖人之道，惟藉六經。六經之作，惟藉文言，文言之本，在於六書」，〔註41〕是說通文字才能「明六經」知「聖人之道」，賦予六書極高的意義；〈七音略〉則要使學者「學者盡傳其學，然後能周宣宣尼之書」。〔註42〕這兩略強調把文字音韻作爲史學研究的對象，可謂其一家之學。鄭樵生於不重小學的宋代，獨能注意及此，實是揚雄《方言》以後的空谷足音。

鄭樵撰述〈諡略〉，主要在說《春秋》行褒貶理論，原是後儒加進的謬說；在〈器服略〉中則強調瞭解古代禮制內容，研究實物的重要性，亦即明制器尚象之原；在〈樂略〉中，他發明「樂以詩爲本，詩以聲爲用」之原理，從詩的本源上談詩，所謂「仲尼編《詩》爲燕享祀之時用以歌，而非用以說義也」，「不幸腐儒之說起，齊魯韓毛四家各爲序訓，而以說相高，漢朝又立之學官，以義理相授，遂使聲歌之音，湮沒無聞」，〔註43〕即是具體的言論。〈昆蟲草木略〉是在劉知幾倡〈方物志〉之說的基礎上拓展出來而爲其他史書所沒有的，他主張學者「必廣覽動植，洞見幽潛，通鳥獸之情狀，察草木之精神，然後參之載籍，明其品彙」，〔註44〕如此始是有體有用知天知人之學。

〈校讎〉、〈圖譜〉、〈金石〉三略，也是鄭樵的新作。〈校讎略〉講類例明學術。〈圖譜略〉指圖譜對於理解各種學術典制有很大的重要性，卻爲古來學者所忽視。〈金石略〉說明金石是可增加對古代典制認識的材料，不能輕易放過。〈天文略〉、〈災祥略〉從類目上看，不算是新創，但實際上卻具有進步的思想。他寫〈天文〉的目的是「正欲學者識垂象以授民時之意」而杜絕天人

〔註41〕《通志略·六書序》，頁112。
〔註42〕《通志略·七音序》，頁173。
〔註43〕《通志略·樂略·樂府總序》，頁345。
〔註44〕《通志略·總序》，頁5。

相關的「占候之說」；〈災祥〉則認爲災異之說是一種欺天妖學。較之劉知幾譏評班固〈五行志〉，可謂更進一步。

至於〈地理〉、〈禮〉、〈職官〉、〈選舉〉、〈刑法〉、〈食貨〉諸略則多參考杜佑《通典》而成，茲可不具論，但〈氏族〉等十餘略出自鄭樵自著，對人類進展演化、姓氏起源分合、學術源流品類、職官設置演變等都有深刻的考察，充分顯現《通志略》的學術特色及對史學的貢獻。

由於有上述四項史學思想要目的運作，終究鄭樵才有《通志（略）》一書的流傳千古，並在史學史上起重大作用。

三、《通志略》與鄭樵的史學理論

《通志略》應該不算史論專著，學者或當無異議。但由上節內容已知其亦深具史學精意，可以更進一步透過勾勒作者鄭樵的思想精神意像（image），凸顯在實際著作《通志略》之中的史論，則應是一件值得探索且有意義的工作。本節首先從上節的會通思想出發，來審視《通志略》內所含的史學理論部分。

（一）通史的理論

鄭樵對歷史發展趨勢的瞭解，主要在其會通思想。他說過：

> 自書契以來，立言者雖多，惟仲尼以天縱之聖，故總詩書禮樂而會
> 於一手，然後能同天下之文，貫二帝三王而通爲一家，然後能極古
> 今之變。……司馬氏世司典籍，工於制作，故能上稽仲尼之意，會
> 《詩》、《書》、《左傳》、《國語》、《世本》、《戰國策》、《楚漢春秋》
> 之言，通黃帝堯舜至於秦漢之世，勒成一書。……自《春秋》之後，
> 惟《史記》擅制作之規模，不幸班固非其人，遂失會通之旨，司馬
> 氏之門戶自此衰矣。〔註45〕

又：

> 孔子曰：「殷因於夏禮，所損益可知也；周因於殷禮，所損益可知也。」
> 此言相因也。自班固以斷代爲史，無復相因之義，雖有仲尼之聖，
> 亦莫知其損益。會通之道，自此失矣。〔註46〕

〔註45〕《通志略‧總序》，頁1。

〔註46〕《通志略‧總序》，頁2。會通的思想，還可參藤井清，〈鄭樵の史學思想〉，《史學研究》第六集（廣島史學研究會，1951），頁73～76。內藤湖南，《支那史學史》第9章第7節〈鄭樵の通志〉，頁186～292。

鄭樵對古來《春秋》《史記》的史學傳統斷送在班固寫《漢書》之後，感到非常痛心。因此他對班固《漢書》其人其書有不少批評。除上述引文外，他還說：「且謂漢紹堯運，自當繼堯，非遷作《史記》廁於秦項，此則無稽之談也。由其斷漢爲代，是致周秦不相因，古今成間隔。」〔註47〕及「孟堅初無獨斷之學，惟依緣他人，以成門戶。紀志傳則追司馬之蹤。……由班固修書之無功耳。〈古今人物表〉又不足言也。」〔註48〕歸結上面而言，鄭樵不滿於班固的原因之（一），大致在班固「斷漢爲書，是致周秦不相因，古今成間隔」，古今之損益遂無由知之，即使有天縱之聖亦不可得；（二），《漢書》講「漢承堯運」之類的神意史觀，鄭樵斥爲無稽之談；（三），班固的〈古今人表〉把古今人物分成九等，失去了司馬遷作史表觀盛衰的宗旨；（四），班固無獨斷之學。〔註49〕其實斷代史有何弊病呢？依鄭樵會通之義來看，斷代史之弊在「失會通之旨」，而且其弊有三：（一）重複——鄭樵解釋地說：「語其同也，則紀而復紀，一帝而有數紀。傳而復傳，一人而有數傳。天文者，千古不易之象，而世世作〈天文志〉。〈洪範〉〈五行〉者，一家之書，而世世序〈五行傳〉」，〔註50〕重複繁冗，是歷史文章的大忌。〈天文志〉、〈五行志〉歷代皆有，也幾乎相同，鄭樵似認爲不宜重記。（二）隔絕——「語其異也，則前王不列於後王，後事不接於前事。郡縣各爲區域，而昧遷革之源。禮樂自爲更張，遂成殊俗之政。如此之類，豈勝斷綆？」〔註51〕斷代史記事前後隔絕，不能連接前後時代或人物，易使事件之因果關係或制度之沿革變成模糊不清。（三）不一致——「曹魏指吳蜀爲寇，北朝指東晉爲僭。南謂北爲索虜，北謂南爲島夷」。〔註52〕於分裂時代，斷代史此弊最爲明顯，「異則相攻，同則相與」，〔註53〕因而記事往往缺乏一貫性，導致是非不公，最嚴重則致史實失真。此則在海峽兩岸的當代史更是活生生的例證，喻之爲「羅生門」，似不爲過。

以上三則，可見斷代史之弊。斷代爲書，是以一朝一代爲斷限來撰寫，失去「相因」之義，在鄭樵的觀念裡是無法「會通」，故無從瞭解整個歷史發

〔註47〕《通志略‧總序》，頁1。
〔註48〕《通志略‧校讎略》，頁728。
〔註49〕吳懷祺，〈《通志》的史學批評〉，頁20。
〔註50〕《通志略‧總序》，頁1。
〔註51〕《通志略‧總序》，頁2。
〔註52〕《通志略‧總序》，頁2。
〔註53〕張舜徽，《史學三書平議‧通志總序平議》，頁154。

展的脈絡，也看不出前後因果的關聯，故鄭樵以爲：「斷代史則失前後銜接會通之義，故繁複迭出，傷風敗義」，〔註54〕即是此理。所以他立意著作通史，恢復古有傳統，以矯正《漢書》斷代無復相因之失。他強調：「諸史家各成一代之書，而無通體。樵欲自今天子中興，上達秦漢之前，著爲一書曰《通史》，尋紀法制。嗚呼！三館四庫之中，不可謂無書也；然現有法制可爲歷代有國家者之紀綱規模，實未見其作。」〔註55〕

他的《通史》，自然是「不可不據仲尼、司馬遷會通之法」以爲修書之本。〔註56〕由此可知他的會通思想使他成就了通史鉅著《通志》，易言之，即會通思想的落實，由《通志》來貫徹與兌現。清初章學誠（1738～1801）曾經爲此而言：

> 鄭樵生千載之後，慨然有見於古人著述之源，而知作者之旨，不徒以詞采爲文，考據爲學也。於是遂欲匡正史遷，益以博雅，貶損班固，譏其因襲，而獨取三千年來遺文故冊，運以別識心裁，蓋承通史家風，而自爲經緯，成一家言者也。〔註57〕

學誠極力推崇《通志》，謂之爲：「別識心裁，成一家之言」以爲其書精要，在乎義例，而不以詞章考據見長。

當然，鄭樵撰就《通志（略）》最終的目的仍在於其一貫的原則。他要「貫二帝三王而通爲一家」，要「上通於堯舜，旁通於秦魯」、要「上通於黃帝，旁通於列國」，也就是要歷史有縱向（貫通）與橫向「旁通」的聯繫，最後「會通」天下之書，達到司馬遷所說的「通古今之變」「極古今之變」的極致，換言之，也就是要符合其「周知遠近，洞察古今」的修史原則，成就「《通志（略）》。鄭樵反對「古今成間隔」的史書，他主張修通史來反映歷史的流變與全貌，這也是他一生最大的職志。施丁在其《中國史學簡史》論鄭樵的會通僅作歷史文獻的彙輯工作，比起司馬遷「通古今之變」的思想仍有差距，〔註58〕在本文的分析理解下，似有商榷餘地。

〔註54〕《通志略·總序》，頁2。

〔註55〕《夾漈遺稿·寄方禮部書》，頁519。

〔註56〕《夾漈遺稿·上宰相書》，頁21上。鄭樵《通史》官方易名《通志》；司馬光《通志》，御賜《資治通鑑》名。

〔註57〕《文史通義·申鄭》，頁136。

〔註58〕施丁，《中國史學簡史》（河南：中州古籍出版社，1987）第10章第2節，頁137。

（二）經世的理論

中國史學經世的傳統古老而悠久，內容甚爲豐富，要求實用並極具深意。鄭樵史學的經世作用，主要可從以史爲鑒、闡揚教化與通古今明變化加以考察。

首先，他的經世思想即表現在直筆論，他主張讓史實說話，史家的責任即是據事直書。他說：「史冊以詳文該事，善惡已彰，無待美刺。讀蕭、曹之行事，豈不知其忠良？見莽、卓之所爲，豈不知其凶逆？」〔註59〕不必任情褒貶，只須如實反映史實。他認爲要客觀記載史事亦不容易，首須做到「平心直道」，他進一步解釋：「著書之家，不得有偏徇而私生好惡，所當平心直道，於我何厚，於人何薄哉？」〔註60〕並自解云：「心平者，然後可以語道。氣和者，然後可以論人。論人之道，不可偏徇」。〔註61〕文中顯見兩層意思：一、反對私心好惡；二、不能厚我薄人，才能客觀眞實記載，在《通志略·總序》說：「不爲智而增，不爲愚而減」，即是其意。魏收之《魏書》爲穢史，沈約之《宋書》亦多妄，就在於兩書不能記功過、明鑒戒與直書實錄，反致輕事塵點、曲筆僞錄，所以史學欲明教化，首需直筆論。直筆而書，始能有益人倫，也才能達到「善惡畢彰，眞僞盡露」的勸戒作用。〔註62〕鄭樵始終都明白這個道理，亦承襲劉說而來。

鄭樵對當時流行的欺天欺人的妖妄之學，也甚不以爲然，他主張研究「實學」。其所謂「實學」是指用實事求是的態度而求得的眞實可靠學問，具體地說是指經過實踐而眞正認識天文地理、草木蟲魚、鳥獸田里、車輿器服等等客觀實物的知識。他認爲要求得實學，不能僅靠書本，因爲「五方之名，既已不同，而古今之言，亦自差別」，〔註63〕故學者必須走出書房，深入實際，「廣覽動植，洞見幽潛，通鳥獸之情狀，察草木之精神，然後參之載籍，明其品彙」。他自述其經驗時說：「結茅夾漈山中，與田夫野老往來，與夜鶴曉猿雜處，不問飛潛動植，皆欲究其情性。」「已得鳥獸草木之眞，然後傳《詩》；已得詩人之興，然後釋《爾雅》。」〔註64〕

〔註59〕 《通志略·總序》，頁3。
〔註60〕 《通志略·氏族略》，頁49，按語。
〔註61〕 《通志·宦者傳》（卷179），頁2865。
〔註62〕 劉知幾，《史通釋評·申左》（台北：華世出版社，1981），頁508。
〔註63〕 《通志略·昆蟲草木略·序》，頁786。
〔註64〕 《通志略·昆蟲草木略·序》，頁786。

他也重視自然科學知識的學習，自謂其得益於丹元子之《步天歌》：「一日得《步天歌》而誦之，時素秋無月，清天如水，長誦一句，凝目一星，不三數夜，一天星斗，盡在胸中矣。」〔註65〕如此才能「深知天」而不談災祥，其他在地理、草木、金石、器用都是援用此理，而可以窺其治學必切合於實用。

在經世思想之下，鄭樵亦反對空談義理，他說：

> 後人學術難及，大概有二：一者義理之學，二者辭章之學。義理之學尚攻擊，辭章之學務雕搜。……要之，辭章雖富，如朝霞晚照，徒焜耀人耳目；義理雖深，如空谷尋聲，靡所底止。二者殊途而同歸，是皆從事於語言之末，而非爲實學也。〔註66〕

辭章義理之學以形式虛無爲宗，置實學於不問，故鄭樵反對之，並進而主張史學著作應當講究實用，而「欲有法則可爲歷代有國家之紀綱規模」。

鄭樵亦以實用實行的角度，提倡史書重視圖譜之學。他說：「天下之事，不務行而務說，不用圖譜可也，若欲成天下之事業，未有無圖譜而可行於世者」，〔註67〕又說「秦人雖棄儒學，亦未嘗棄圖書，誠以爲國之具，不可一日無也」。〔註68〕其次，學者欲明治學行事之理，亦須重視圖譜之學，有云：

> 古之學者爲學有要，置圖於左，置書於右，索象於圖，索理於書，故人亦易爲學，學亦易爲功，舉而措之，如執左契。後之學者離圖即書，尚務辭說，故人難爲說，學亦難爲功，雖平日胸中有千章萬卷，及置之行事之間，則茫茫然不知所向。〔註69〕

鄭樵復以爲天文地理、宮室器用、車旗衣裳、壇兆都邑、城築田里、會計法制、班爵古今名物等等 16 類學問，亦需有圖，他說：「圖譜之學不傳，則實學盡化爲虛文矣」。〔註70〕由上述吾人可以再擴大地說其《通志略》都講究實學，對生民休戚都有幫助。

再者，鄭樵因身逢靖康之難，北都淪陷，二帝蒙塵，高宗南遷臨安，偏安一隅，開始分裂的時代，因此對國家分合、民族矛盾及社會經濟都十分關注，自然發表過一些意見，唯大都收於《夾漈遺稿》之中，因爲與本文主題

〔註65〕《通志略‧天文略序》，頁 197。
〔註66〕《通志略‧圖譜略‧原學》，頁 729。
〔註67〕《通志略‧圖譜略‧索象》，頁 729。
〔註68〕《通志略‧圖譜略‧索象》，頁 729。
〔註69〕《通志略‧圖譜略‧索象》，頁 729。
〔註70〕《通志略‧圖譜略‧原學》，頁 729。

所在的《通志略》稍有差異，故於此不擬詳論，僅略爲提及而已。大致在政
治分裂民族對立的時局下，當時權貴提出「南自南，北自北」的現實主張，
但鄭樵則希望結束分裂局面，在《通志略・都邑略》提出以南陽「爲中原之
新宅」，恢復統一；〈七音略〉中則以爲凡「宣尼文化」所被地區，「皆吾故封」，
以會通思想把國家民族的統一，作爲一種歷史發展的趨勢，所以才說：「百川
異趣，必會於海。然後九州無浸淫之患；萬國殊途，必通諸夏，然後八荒無
壅滯之憂。會通之義大矣哉！」鄭樵明確說明「萬國殊途」的現象，最後的
發展則「必通諸夏」。鄭樵的會通思想在對民族統一方面，是要通古今夷夏的。
〔註71〕這些都可以審知鄭樵的經世觀。

（三）史料學的理論

　　史料是史學的基礎及根本，鄭樵亦有抒論，可以梳理，在其《夾漈遺稿・
上宰相書》有云：

> 仲尼之爲書也，凡〈典〉、〈謨〉、〈訓〉、〈誥〉、〈誓〉、〈命〉之書散在
> 天下，仲尼會其書而爲一，舉而推之，上通於堯、舜，旁通於秦、魯，
> 使天下無遺書，世代無絕緒，然後爲成書。司馬遷之爲書也，當漢世
> 挾書之律初除，書籍之在天下者，不過《書》、《春秋》、《世本》、《戰
> 國策》數書耳。遷會其書而爲一書，舉而推之，上通乎黃帝，帝通乎
> 列國，使天下無遺書，百代無絕緒，然後爲一書。史家據一代之史，
> 不能通前代之史，本一書而修，不能會天下之書而修，故後代與前代
> 之事不相因依。又諸家之書，散落人間，靡所底定，安得成爲書乎？

這是鄭樵總結孔子、司馬遷修史經驗而作的概述，亦即他說過的「修書之本，
不可不據仲尼、司馬遷會通之法」。其意在修史書必須先要「會天下書」，即
有關史料搜求與處理的問題。他主張史家須博綜所有文獻，不止要遍覽三館
四庫的藏書而且要注意搜集散落民間的書籍，最後是「盡見天下之書，方可
以無遺恨」。鄭樵本人修書時，就是這種主張的實踐者，他是「搜盡東南遺書，
搜盡古今圖籍，又盡上代之鼎彝與四海之銘碣，遺篇缺簡，各有彝倫，大篆
梵書亦爲釐正」，〔註72〕又說自己是「三十年著書，十年搜訪圖書，竹頭木屑
之積亦云多矣，將欲一旦而用之可也」。〔註73〕

〔註71〕參吳懷祺，〈鄭樵的史學思想〉，《史學史研究》1983：2，頁 63～65。
〔註72〕《夾漈遺稿・獻皇帝書》，頁 514 下。
〔註73〕《夾漈遺稿・上宰相書》，頁 522 上。

　　以上鄭樵所云是攸關史料學的大原則。大原則之下，並沒有像唐代劉知幾的《史通》或清代章學誠《文史通義》設有專篇文字申述更精緻具體的見解，因而只能在隱晦中從他所留下的代表作《通志》中去爬梳了。在〈列傳〉中有些具體例子可以看出鄭樵以史料的編排，參同校對，然後擇善以從，補正闕略的。因非本文論題以內，故僅作上言，而在本文論題的《通志略》中的，則有〈金石略〉、〈校讎略〉兩篇在史料學乃至下述的編纂學上都有很大的貢獻。〈金石略〉序云：

> 方冊者，古人之言語。款識者，古人之面貌。以後學跂慕古人之心，使得親見其面而聞其言，何患不與之俱化乎？所以仲尼之徒三千皆爲賢哲，而後世曠世不聞若人之一二者，何哉？良由不得親見聞於仲尼耳。蓋閑習禮度，不若式瞻容儀。諷誦遺言，不若親承音旨。今之方冊所傳者，已經數千萬傳之後，其去親承之道遠矣。惟有金石所以垂不朽，今列而爲略，庶幾式瞻之道猶存焉。且觀晉人字畫，可見晉人之風猷；觀唐人書蹤，可見唐人之典則。此道後學安得而舍諸！三代而上，惟勒鼎彝。秦人始大其制而用石鼓。始皇欲詳其文而用豐碑。自秦迄今，惟用石刻，散佚無紀，可爲太息！〔註74〕

以金石款識保存史料兼考辨核實史事，確比其他圖籍更能持久，有圖籍不可替代的價值。而鄭樵特以〈略〉的形式發論，也算是他的一大建樹。

　　另在〈校讎略〉上，對於如何搜輯史料、儲備史料、校勘史料等方面也都提出許多可貴的方法和意見，他列舉了〈秦不絕儒學論〉、〈編次必謹類例論〉、〈編次必記亡書論〉、〈編次之訛論〉、〈編書不明分類論〉等等21個題目共69篇議論文字，既詳細論述了求書的途徑，又對搜集而來的史籍如何作分類和編排的方法加以介紹。〔註75〕

　　《通志略》在史料文獻方面可祖述者，唯此兩略而已，然亦有見有法，可資追討。

（四）編纂學的理論

　　史料的問題解決之後，接著即需講求撰述的內容形態，也就是編纂方式的問題。唐代劉知幾已提出「六家二體」總結唐前史書的編纂形式，有云：「既

〔註74〕《通志略・金石略序》，頁734。
〔註75〕《通志略・校讎略》，頁721～728。可參倉修良，〈鄭樵和通志〉，《杭州大學學報》1980：4，頁104。

而丘明傳《春秋》，子長著《史記》，載筆之體，於斯備矣。後來繼作，相與因循，假有改張，變其名目，區域有限，孰能逾此？」〔註76〕然而鄭樵卻在紀傳體的「區域有限」範圍內，提出變更的寫法。具體內容是把《史記》的紀傳、表、書、世家，改寫成〈本紀〉18卷、〈年譜〉4卷、〈二十略〉52卷、〈世家〉3卷、〈列傳〉115卷、〈載記〉8卷，凡200卷的《通志》。差別在於體裁上，改〈表〉爲〈譜〉，改〈書（志）〉爲〈略〉，又本《晉書》另立〈載記〉，茲處僅就〈二十略〉視其編纂方法的實踐。

《通志二十略》決非是「直錄舊典，而憚於改作」，除〈禮〉、〈刑法〉、〈職官〉、〈選舉〉5略節錄《通典》文字之外，其餘15略皆爲鄭樵所創作。以〈二十略〉與諸史志書相比，鄭樵是詳人之所無，略人之所有，而且舊史即使有志，也從來沒有多至二十略的，故此是鄭樵的獨特處。鄭樵嘗自云：「臣之〈二十略〉，皆臣自有所得，不用舊史之文」，〔註77〕可見〈二十略〉是鄭樵所自負的。以下即就其內容略述其特徵：

〈氏族〉、〈都邑〉、〈昆蟲草木〉三略，可說受到劉知幾影響而設立的。知幾主張正史應增〈都邑〉、〈氏族〉、〈方物〉三志，但知幾僅提出這個倡議而已，至於如何寫法，並無更進一步的論述，因而鄭樵作此三略，全靠個人摸索。《四庫全書總目提要》認爲鄭樵的三略是竊據知幾三新志，實際並非如此。其實，鄭樵在〈都邑略〉有抨擊朝政，反對南宋偏安江左的現實意義，並且具體建議以南陽爲都。《通志略·總序》說：「都邑之本，金湯之業，史氏不書，黃圖難考。臣上稽三皇五帝之形勢，遠探四夷八蠻之巢穴，仍以梁汴者，四朝舊都爲痛定之戒。南陽者，疑若可爲中原之新宅。」可見其作〈都邑略〉的宗旨在於論證「南陽可爲中原之新宅」，有批判趙構妥協政策的意思。這點與劉知幾的主張相差甚多，遠超過知幾作〈都邑志〉述宮闕制度及朝廷軌儀的思想而已。〔註78〕也難怪後人都佩服其明地勢與愛國家。〔註79〕

劉知幾的〈方物志〉主張：「任土作貢，異物歸於計吏，奇物顯於職方」有爲當局服務的意思，而鄭樵擴大〈方物〉而爲〈昆蟲草木略〉卻是要：「廣

〔註76〕《史通釋評·二體》，頁35。

〔註77〕《通志略·總序》，頁6。

〔註78〕吳懷祺，〈鄭樵在歷史編纂學上的成就〉，《史學史研究》1981：4，頁48。

〔註79〕盛俊，〈鄭樵傳〉，《新民叢報》42、43號合本，頁83。

覽動植，洞見幽潛，通鳥獸之情狀，察草木之精神，然後參之載籍，明其品彙」，用心在辨明事物，闡發實學思想，與知幾的主張沒有共同點。〔註80〕

〈氏族略〉在劉知幾而言是表現出其身分志趣，所謂「用之於官，可以品藻士庶；施之於國，可以甄別華夷」，〔註81〕又謂：「高門華冑，奕世載德，才子承家，思顯父母，由是紀其先烈，貽厥後來」是也；〔註82〕但在鄭樵而言，則表達了反對門第郡望的氏族觀，他認為「論地望者，則以貴賤為主，然貴賤升沈，何常之有？」，〔註83〕要打破這種界限，必須「先天子而後諸侯，先諸侯而後卿大夫士，先卿大夫士而後百工技藝，先爵而後諡」，〔註84〕其意在以朝廷職位來譜列氏族以代替舊有的郡望譜列法，故述氏族起源，即增至 32 類遠逾左氏所言的 5 類，這是鄭樵對氏族學的闡發，比劉知幾更進一步。

由上可以看出，劉知幾增三新志的主張含有保存現狀的意思，而鄭樵修三略則反映了時代的變化，含有對舊事物批判的思想。〔註85〕但究其實際，兩者都替當時的社會留下一因應其時的最佳說明。知幾本身出自閥閱，唐初世族猶未退盡，故宜有其說；而鄭樵時代則科舉行之有年，自宜由科考的朱紫取代世襲的特權。鄭樵由此闡發其〈氏族略〉，則是其可貴處。

〈藝文略〉是舊史已有者，鄭樵亦未因襲前人舊作，而另創新意。他認為「學術之苟且，由源流之不分；書籍之散亡，由編次之無紀」，故大膽打破舊書分類編排方法，把歷代史志、公私書目以及自己訪書耳聞目見的十萬餘卷書籍分成 12 類、100 家、422 種。劉知幾以為斷代史不宜載〈藝文志〉，至多只能錄本朝人士的著作。鄭樵則突破其主張，在〈藝文略〉上表現其會通思想，意圖明源流以掌握學術。〈校讎略〉、〈金石略〉、〈圖譜略〉都是由舊史的〈藝文志〉擴展而來。〈校讎〉下文述之，茲處不贅。〈圖譜略〉的創立，同樣足以顯示其獨具的史識。對於圖、表的作用，古史多忽視不用，他以為：

〔註80〕 盛俊則有不同說法，他以為此略在專述物產盛衰之物產史，見〈鄭樵傳〉，頁88～89。
〔註81〕《史通釋評・書志》，頁89。
〔註82〕《史通釋評・雜述》，頁316。
〔註83〕《通志略・氏族序》，頁1。
〔註84〕《通志略・氏族序》，頁4。
〔註85〕 參吳懷祺，〈鄭樵在歷史編纂學上的成就〉，頁49。

見書不見圖，聞其聲不見其形；見圖不見書，見其人不聞其語，圖
至約也，書至博也。即圖而求易，即書而求難。古之學者，爲學有
要，置圖于左，置書于右，索象于圖，索理于書，故人亦易爲學，
學亦易爲功。

他還列舉天文、地理、宮室、器用、車旗、衣裳、壇兆、城築、田里、會計、
法制、班爵、古今名物等 16 類如有書而無圖，則花費功夫大而收效微。並指
出：「天下之事，不務行而務說，不用圖譜可也；若欲成天下之事業，未有無
圖譜而可行於世者。」〔註86〕又說：「圖譜之學，學術之大者。……又圖譜之
學不傳，則實學盡化爲虛文矣。」〔註87〕把圖譜的重要性講得十分透徹，並
且提高到前所未有的程度，在史學史上可說是罕見的。總之：鄭樵主張編纂
史書一定要做到圖文並茂，研究問題必須做到圖文並重，才有更好的效果。

〈金石略〉擴張史料範圍，將金石資料採用入史，也是鄭樵的新創，前
略已述及，其理亦易明，茲處不再敷陳。

至於〈天文〉、〈災祥〉。就劉知幾而言，他主張削〈天文志〉、〈五行志〉，
但以爲有關人事徵驗的災異現象則可以保留。鄭樵卻否定之，以爲「歷世史
官自愚其心目，俛首以受籠罩而欺天下」並指爲妖妄。〔註88〕不過，有的學
者認爲鄭樵也有缺點：一來星象占候之說，鄭樵既闢之而不削之；二來鄭樵
依據《步天歌》，「長誦一句，凝目一星，不三數夜，盡在胸中」未免有管窺
之譏。〔註89〕筆者以爲天象星宿何止萬千，豈能不三數夜即能盡在胸中？以
今天文設備之精密，恐仍不敢如此明說，況當日之鄭樵僅靠一本《步天歌》
以肉眼看天？故其引來譏誚，恐是無法避免的。

其餘諸略如〈地理略〉重在山川封圻，故準〈禹貢〉而理川源，本〈開
元十道圖〉以續今古；〈諡略〉以一字見義，削去前此之引辭曲說；〈樂略〉
則不慊於漢人僅以義言詩，致聲歌之道日微，後世史家志樂，又只取工伎之
作，而不收樂府。故改以樂府繼風雅，並詳述歷代樂器權量原料之屬。凡以
上諸略內容，皆有詳密分析，是鄭樵經由實際體察得來，故知其學頗重實事
求是，與向來學者多從故字紙上堆求證者迥異。

〔註86〕《通志略·圖譜略·索象》，頁 729。
〔註87〕《通志略·圖譜略·原學》，頁 729～730。
〔註88〕《通志略·總序》，頁 5 及〈災祥序〉，頁 755。
〔註89〕盛俊，〈鄭樵傳〉，頁 81。

大致而言，〈二十略〉是《通志》的精華，而各略的序文又更是精華（惟禮、器服、藝文、職官、選舉、刑法、食貨無序，殆因依傍前史，不復發例）。序文都有概括性，各略中又有小按，如金線貫珠，一併表達鄭樵的史學見解。這種編撰方式也是舊史志書所未有，特別值得提出來強調的。〔註90〕不過，〈二十略〉之中獨缺〈兵制略〉，學者謂爲白璧微瑕，一如《史記》獨無〈地理書〉，令人遺憾。〔註91〕

（五）校讎目錄學的理論

中國文化發達，漢代已有目錄學專書，隨後校讎亦盛；逮乎宋代，文化臻盛，校錄二學榮發，而鄭樵在校讎目錄學上亦有過人的成就。其主張學說大都散在《通志略》的〈藝文略〉〈校讎略〉〈圖譜略〉〈金石略〉諸略中。各略之著作緣起，可見於《通志略·總序》。其論〈藝文略〉，云：「學術之苟且，由源流之不分；書籍之散亡，由編次之無紀；《易》雖一書，而有十六種學，……《詩》雖一書，而有十二種學，……故作〈藝文略〉」；論〈圖譜略〉，云：「古之學者，左圖右書，不可偏廢，劉氏作《七略》，收書不收圖，班固即其書而爲〈藝文志〉。自此以還，圖譜日亡，書籍日冗，所以困後學而隳良材者，皆由於此，何哉？即圖而求易，即書而求難，舍易從難，成功者少，……故作〈圖譜略〉」；論〈金石略〉，云：「方冊者，古人之言語；款識者，古人之面貌。方冊所載，經數千萬傳；款識所勒，猶存其舊。蓋金石之功，寒暑不變，以茲稽古，庶不失眞。……故作〈金石略〉」；論〈校讎略〉，則云：「冊府之藏，不患無書；校讎之司，未聞其法；欲三館無素餐之人，四庫無蠹魚之簡，千章萬卷，日見流通，故作〈校讎略〉。」〔註92〕

由以上之序論可知鄭樵著〈藝文〉、〈圖譜〉、〈金石〉三略，乃糾正前此目錄學者之因循苟且，類例不當，故自出樞機，別爲分類。〈校讎略〉則欲爲目錄學者訂定工作之南針，作爲整理典籍之依據，然後目錄之學，才有其完整之體系。〔註93〕在〈校讎略〉中，他說：「學之不專者，爲書不明也。書之不明者，爲類例之不分也；有專門之學，則有世守之能。人守其學，學守其書，書守其類。人有存沒而學不息。世有變故而書不亡。……類例分，則百

〔註90〕 參吳懷祺，前引文，頁50。

〔註91〕 盛俊，〈鄭樵傳〉，頁91。

〔註92〕 以上所引四則，皆見《通志略·總序》，頁5。

〔註93〕 田鳳台，《古籍重要目錄書析論》（台北：黎明文化事業公司，1990），第三章〈鄭樵目錄學析評〉，頁68。

家九流，各有條理，雖亡而不能亡也。」又云：「欲明天者，在於明推步；欲明地者，在於明遠邇；欲明書者，在於明類例。類例不明，因書失紀，有自來矣。」〔註94〕

可見其〈校讎略〉乃爲部次群書而作，其中他提「類例」的主張，強調圖書分類的重要，以爲類例可以明書，明書可以守學，守學可以傳人，析論深刻。鄭樵所明類例，其實有其所本，上古《易經》、《史記》、《漢紀》已有「類」的概念不說，至劉知幾時，亦有「人物品彙」的觀點。如知幾曾說：

蓋聞方以類眾，物以群分，薰蕕不同器，梟鸞不比翼。

史氏自遷、固作傳，始以品彙相從。然其中或以年世迫促，或以人物寡鮮，求其具體必同，不可多得。是以韓非、老子，共在一篇；董卓、袁紹無聞二錄。……亦有厥類眾夥，宜爲流別，而不能定其同科，申其異品，用使蘭艾相雜，朱紫不分，是誰之過歟？蓋史官之責也。〔註95〕

鄭樵更加發揚古來史家「類」的觀念，擴大用於治學的方法上，他說：「善爲學者，如持軍治獄。若無部伍之法，何以得書之紀？若無核實之法，何以得書之情？」〔註96〕又說：「士卒之亡者，由部伍之法不明也，書籍之亡者，由類例之法不分也。類例分則百家九流各有條理，雖亡而不能亡也。」鄭樵認爲持軍治獄應用的「部伍之法」，實即治學應用的類例方法，因而很重要。他的方法中，還主張要「細分」，以求達到精密準確的地步，他說過：「類例不患其多也，患處多之無術耳」；〔註97〕「凡編書唯細分爲難，非用心精微則不能也」即是。〔註98〕

在類例的主張下，他因而把古今之圖籍，總分爲 12 類，100 家，422 種，可以說是史無前例的圖書細目分類，已突破古來《七略》四部的範圍了。〔註99〕他說：「散 422 種書，可以窮百家之學，斂百家之學可以明 12 類之所歸。」可謂是他在目錄學上最大的貢獻了。由此可知欲明其目錄學上的分法，〈校

〔註94〕　《通志略·校讎略·編次必謹類例論》，頁 721～722。

〔註95〕　《史通釋評·品藻》，頁 219。

〔註96〕　《通志略·圖譜略·明用》，頁 730。

〔註97〕　《通志略·校讎略·編次必謹類例論》，頁 721～2。

〔註98〕　《通志略·校讎略·編書不明分類論》，頁 728 上。

〔註99〕　倉修良仔細校對後，以爲實際應有 430 種，見〈鄭樵和通志〉，《杭州大學學報》1980：4，頁 105；田鳳台則以爲 431 種，《古籍重要目錄書析論》，頁 79。

讎〉〈藝文〉兩略必須合看。蓋此兩略互爲表裡，不可分割。他的分法，可以說從辨章學術、考鏡源流的角度出發的，以致章學誠對這種創造的分法非常推崇，而說：「校讎之義，蓋自劉向父子，部次條別，將以辨章學術，考鏡源流，非深明於道術精微，群言得失之故者，不足與此。後世部次甲乙，紀錄經史者，代有其人，而求能推闡大義，條別學術異同，使人由委溯源，以想見於墳籍之初者，千百之中，不十一焉。鄭樵生千載而後，慨然有會於向、歆討論之旨，因取歷朝著錄，略其魚魯豕亥之細，而特以部次條別，疏通倫類，考其得失之故，而爲之校讎，蓋自石渠天錄以還，學者所未嘗窺見者也」。〔註100〕

在〈校讎略〉中，鄭樵還注意到編次必記亡書，而亡書應另予編列。其法不但不致與現存之書混淆，又可使後人借作考證之用，甚爲實用。鄭樵因而批評唐人收書，只記其有，不記其無，故致後人失其名系。

他也重視求書和校書，主張兩者都要設專官，而且使其久任。有曰：「求書之官，不可不遣；校書之任，不可不專。」他提出有名的求書之道八論：一曰即類以求。如星曆之書求之靈台郎；樂律之書求之太常樂工；二曰旁類以求。凡性命道德之書可以求之道家；小學文字之書可以求之釋氏。三曰因地以求，《孟少主實錄》蜀中必有；《王審知傳》閩中必有。四因家以求。《錢氏慶系圖》可以求於忠懿王之家。五曰求之公。禮儀之書、祠祀之書、斷獄之書、官制之書、版圖之書，今官府有不經兵火處，其書必有存者。六曰求之私。書不存於祕府而出於民間者甚多。七曰因人以求，鄉人陳氏嘗爲湖北監司，其家或有田氏之書。鄭樵嘗見其《荊州田氏書目》。八曰因代以求。書之難求者，爲其久遠而不可跡也。〔註101〕若出近人之手，何不求之有。鄭樵以爲國家圖書館要豐富館藏，必須廣爲徵求，其求書八法，對當代及後世公私館藏都有深刻影響，後代藏書家多奉之爲圭臬。

其次在〈藝文略〉中，鄭樵主張圖書分類和編目的最大作用，在「辨章學術，考鏡源流」。亦在類例的主張下，他創立三級類目的分類體系，突破古來《漢書‧藝文志》、《隋書‧經籍志》所採用的兩級分類體系。這三級分類的方法，試簡略說明如下：宋代圖書，較前爲多，故鄭樵以其卓識，分置 12 類、100 家、422 種。12 類之經、禮、樂、小學、史、子、天文、五行、藝術、

〔註100〕章學誠，《校讎通義》（台北：華世出版社，1980）〈序〉，頁 559。
〔註101〕《通志略‧校讎略‧求書遣使校書久任論》及〈求書之道有八論〉，頁 724～5。

醫方、類書、文即爲第一級類目。次由「類」再析分出來，謂之「家」。如經類再分爲易、書、詩、春秋、國語、孝經、論語、爾雅、經解等 9 家爲第二級類目，次再由家析分，謂之「種」，如易再分爲古易、石經、章句、傳注、集注、義疏、論說、類例、譜、考正、數、圖、讖緯、擬易等 16 種。鄭樵說明爲何《易》必須再分爲 16 種說：「《易》本一類也，以數不可合於圖，圖不可合於音，讖緯不可合於傳注，故分爲 16 種。」〔註 102〕可見其理由是因爲他對《易》做了具體分析。看到種與種之間的差別，所以才勇於對《新舊唐志》《崇文總目》的四分、《中經》的五分、《隋志》的六分、《七錄》的七分、《七志》的九分等法作出突破，創下新的三級「類──家──種」的分類體系。而鄭樵的〈藝文略〉廣收古今典籍 10,912 種，110,972 卷，比《漢書·藝文志》所收 38 種，13,269 卷，已多出甚多，可見他想包括古今，備錄無遺，乃至最後要達到「通錄圖書之有無」詳今略古的企圖，雖然最終鄭樵並未完全做到此點，但他收錄圖書的廣泛程度則超過前人甚多。

除上兩略之外，鄭樵也充分重視圖譜、金石的價值，將其提昇至與圖書同等的地位，除擴大史料文獻的範圍外，亦具校讎功用。鄭樵在〈金石〉略裡，專採三皇五帝的泉幣、三五的鼎彝、秦人石鼓、漢魏豐碑，上自蒼頡石室之文，下逮唐人之書，各列其人而名其地，可見其識見甚廣。至於〈圖譜〉略他提出治學要做到圖文並重，根據天文圖、地理圖、宮室圖、器物圖及各種表譜，與圖書資料互相校核，才有比較正確的知識。因而他讚揚漢代任宏校兵書時曾收圖 43 卷，南朝齊王儉撰《七志》設〈圖譜〉一志專錄圖譜，在他自己的《通志略·藝文略》中，如經類的易、書、詩、春秋、爾雅各家；禮類的周官、喪服、會禮各家；史類的職官、地理各家等，都收了圖，而易、書、詩、春秋、喪服各家，都錄了譜，體現了〈圖譜〉略的原理。其中涉及編製的體例及學理，都有超越前人之處。

以上所述鄭樵的見解，均可包括在其「通錄圖、書之有無」的觀點之下，這是他「會通」的史學思想在目錄學方面的表現。〔註 103〕在〈藝文〉、〈校讎〉兩略所展現的即是其類例之法，而在〈金石〉〈圖譜〉兩略則是核實之法。然若以校讎目錄學理觀之，則前兩略的重要性過於後兩略。

〔註 102〕《通志略·校讎略·編次必謹類例六論》，頁 722。
〔註 103〕羅孟禎編著，《古典文獻學》（四川：重慶出版社，1989），頁 156。又，楊燕起等編著，《中國歷史文獻學》（北京：書目文獻社，1989），頁 99。

　　鄭樵在校讎目錄學方面對後世的影響極其深遠，如鄭寅的《七錄》、焦竑撰《國史經籍志》的一些子目及章學誠的《校讎通義》都是根據鄭樵這方面的基礎加以發展出來的。但是，鄭樵的分類有時也未必盡當，如《爾雅》係小學之書，何以附於經類？《國語》、《春秋》之類，又何得別自成家？對劉歆《七略》、班固《漢志》，又似譏貶過當，未窺古人之大體。〔註104〕又如其12 類的分法，後世多不用，而經史子集之四部分法，迄今仍不廢，恐係其法未盡便耳。〔註105〕另者，其編次法，除分類之目錄外，不知尚有作者與書名之目錄，也是鄭氏未能鑒及之處。〔註106〕除以上外，還有鄭樵也不知「互著」之法，故〈藝文略〉的經部著了石經，〈金石略〉之中卻不知列入石經。儘管鄭樵有這些缺點，但相對於其所貢獻的，這些實是次要的。

　　以上凡五方面闡述《通志略》有關史學理論的主張，前兩項即史學理論本身的範疇，後三項則是關乎史學方法論層面的論述，但方法論仍可視為理論的部分內容，故上文未再析列分述，統置於史學理論一義之內加以審視。也因而發現《通志略》有豐富的史學理論內涵，值得析出。

四、鄭樵史學的缺失與影響

　　儘管鄭樵有崇高的史學思想及豐富的史學理論主張，但仍不免於顯現了若干偏宕缺失之處。這方面要以清初章學誠的認識最為深刻，其論說鄭樵史學因而最值得參考。章學誠在其名著《文史通義》中刻意寫了〈申鄭〉、〈釋通〉、〈答客問〉等等篇章專為鄭樵辯誣申說，對鄭樵之治學及其代表作，都作了比較全面、持平的論斷。學誠評論說：

　　　　鄭樵生千載而後，慨然有見於古人著述之源，而知作者之旨，不徒
　　　　以詞采為文，考據為學也。於是遂欲匡正史遷，益以博雅；貶損班
　　　　固，譏其因襲，而獨取三千年來遺文故冊，運以別識心裁，蓋承通
　　　　史家風，而自為經緯，成一家言者也。〔註107〕

又：「總古今學術，而紀傳一規乎史遷，鄭樵《通志》作焉。」給予鄭樵及其《通志》高度的讚譽，更且說：「鄭氏《通志》，卓識名理，獨見別裁，古人不能任其先聲，後代不能出其規範；雖事實無殊舊錄，而辨名正物，諸子之

〔註104〕詳胡楚生，《中國目錄學》（台北：華正書局，1987），頁 202～218。
〔註105〕余嘉錫，《目錄學發微》（台北：藝文印書館，1974），頁 164。
〔註106〕田鳳台，《古籍重要目錄書析論》，頁 99。
〔註107〕《文史通義・申鄭》，頁 136。

意寓于史裁，終爲不朽之業矣！」〔註108〕學誠可以說是鄭樵的百年知己，但另方面他也毫不隱諱地指出鄭樵及其《通志》也有不足之處。他在〈申鄭篇〉說鄭樵「立論高遠，實不副名」；在〈與邵二雲論文書〉中同樣認爲《通志》「例有餘而質不足以副」，而在〈釋通篇〉更具體地指出《通志》的通史體裁雖有不少優點，但也存在「無短長」、「仍原題」、「妄標目」三大缺點。〔註109〕而學誠之評論，比其同時代的學者，大抵較爲平允。清儒對鄭樵及其《通志（略）》大都極爲不滿，如戴震即指鄭樵考證疏漏，剿襲舊文，他特別指出〈天文略〉部分，而說：

> 錄〈步天歌〉兼及其注文；繼以《晉書》所列天漢起沒十二次度數，州郡躔次；又參以《隋書》所列七曜。述是數者，爲〈天文略〉。樵稱「歌詞句中有圖，言下見象，不語休祥」而注內仍不免涉災祥休咎。至若十二次宿度，雜舉劉歆、費直、蔡邕三家，則由未解歲差，故存其殊致，莫之折衷。……蓋天文一事，樵所不知，而欲成全書，固不可闕而不載，是以徒襲舊史，未能擇之精，語之詳也。〔註110〕

《四庫全書總目》對《通志》的評價則是：

> 樵負其淹博，乃網羅舊籍，參以新意，撰爲是編。……其紀傳刪錄諸史，稍有移掇，大抵因仍舊目，爲例不純，其年譜仿《史記》諸表之例，惟閒以大封拜、大政事錯書其中，或繁或漏，亦復多歧，均非其注意所在。其平生之精力，全帙之精華，惟在〈二十略〉而已。

但對〈二十略〉仍不厭其煩指出其紕漏，云：「蓋宋人以義理相高，於考證之學罕能留意，樵恃其該洽，睥睨一世，諒無人起而難之，故高視闊步，不復詳檢，遂不能一一精密，致後人多所譏彈也。」〔註111〕《提要》也說「《通志》體裁不完整，抄襲舊史」。大抵元至清初學者都嫌《通志》組織不密，言論疏闊，因此學誠始以史學觀點重新評定《通志》。學誠爲鄭樵辯護的論點大致有二：（一）《通志》屬於史學範圍，且承馬遷以來的通史家風，故不可以經學

〔註108〕《文史通義·釋通》，頁 134。

〔註109〕《文史通義·釋通》，頁 133。

〔註110〕戴震，《戴東原集》（台北：台灣商務印書館，國學基本叢書，1968）卷 5，頁 88。

〔註111〕《四庫全書總目》（台北：台灣藝文印書館，1989 重印）卷 50，頁 1075 上～1076 下。

考據之標準衡量其得失;(二)《通志》之貢獻在於其「別識心裁」與「一家之言」,故也不能因其細節的疏失而忽視其著史之大義。〔註112〕學誠以異於一般乾嘉學者的眼光看待鄭樵,鄭樵的優點是考據訓詁學者眼中的缺點。學誠曾云:「鄭樵無考索之功,而《通志》足以明獨斷之學,君子於斯有取焉。」〔註113〕學誠注意鄭樵的編纂義例,乾嘉學者卻注意鄭樵的枝末細節。由於著眼點的不同,因而結論亦各異。

　　雖章學誠已獨闢元至清初以來對鄭樵的評見,但後來清季民初時,學者對鄭樵仍然存有若干偏見,章太炎即是其中代表人物,他曾說:

> 《通志二十略》大半本於《通典》。〈六書〉、〈七音〉二略是其得意之作。〈帝紀〉、〈列傳〉迻錄原史,不合《通典》、《通考》之例。《四庫提要》不以與杜馬之書並列,殆爲此也。然《通志》疏漏殊甚。不僅言天文可笑,言地理亦可笑,〈地理略〉全鈔《通典》之文。
> 〔註114〕

章太炎的說法,雖嫌武斷,未審鄭樵內文之細致,但也不無幾分道理,如言天文可笑,言地理亦可笑,筆者即相當程度同意其說。蓋嚴謹不足,疏漏有之。與太炎同時之梁任公,卻對〈二十略〉持肯定的看法,他說:

> 雖然吾儕讀《通志》一書,除〈二十略〉外,竟不能發見其有何等價值。意者仍所謂「寧習本書,怠窺新錄」者耶?樵雖抱宏願,然終是向司馬遷圈中討生活,松柏之下,其草木植。樵之失敗,宜也。然僅〈二十略〉,固自足以不朽。〔註115〕

由上述可知,由清初至清末,清代學者對《通志》的一般看法,即使到梁啓超時,仍無重大改變,也就是說《通志》的缺失,幾乎讓鄭樵不得翻身。俟顧頡剛出而研究,撰有〈鄭樵傳〉〈鄭樵著述考〉之後,始有較公正的評斷。顧氏以學術史的觀點,從疑經的觀點讚揚鄭樵立論勇敢,故在〈鄭樵傳〉中說:

> 鄭樵最可嘆的是,漢儒對《春秋》和《詩經》之註解,爲了教條的理由,曲解了二者的本質。鄭樵的意見不深奧,但爲了讓被儒生搞

〔註112〕余英時,《論戴震與章學誠》(台北:華世,1980,台二版)頁32～33。
〔註113〕《文史通義‧答客問中》,頁141。
〔註114〕章太炎,《國學略說》(台北:復文圖書出版社,1984),〈史學略說〉,頁122。
〔註115〕梁啓超,《中國歷史研究法並補篇》(台北:台灣中華書局,1973,台三版),頁21～22。

混了的經文顯露其眞面目，鄭樵的確擔負了推翻並重新評估經文注

解的巨任。〔註116〕

顧氏贊同鄭樵懷疑〈詩序〉的見解，又稱許鄭樵對樂與詩關係的瞭解，對春

秋三傳的懷疑以及對五行的見解。但是歷代諸儒並不十分了解他，反加痛斥，

故顧氏感嘆地說，「社會上沒有容納他，沒人看出鄭樵的眞精神和他的學術本

質」。〔註117〕

自顧頡剛之後，最近的一些研究都頗能持平地論斷鄭樵的《通志（略）》，

如蘇淵雷、婁曾泉、吳懷祺、倉修良、李昭恂諸氏都能肯定鄭樵的學術貢獻，

雖然他們也都認爲鄭樵史學仍有瑕疵。例如：李昭恂以爲鄭樵寫〈圖譜略〉，

但在整部《通志》當中，包括〈圖譜略〉本身，卻沒有任何一張圖或譜留存，

未免言行不符。在〈藝文略〉的經部裡寫了石經，但〈金石略〉卻忽略了，

從學術分類可以互著的道理而言，鄭樵顯然不知「互著」的功用。〔註118〕

但後者此點，不能盡怪鄭樵，畢竟互著的功用是到章學誠擴大校錄學後才提

出的，吾人較難以此責備前賢。倉修良指出《通志略》仍存在不少缺點和錯

誤，如對書志性質的理解不當，因而作書志的目的性也就不很明確。《通志

略·總序》中竟說：「志之大原於《爾雅》」，其實《爾雅》僅是一部類似編

次解釋名詞的訓詁詞典，類於後來所謂的類書。由於如此，《通志略》中有

一些內容實際上被寫成了類書。〈六書略〉若按志書的性質，應當是文字學

史，可是鄭樵卻寫成了文字學；〈七音略〉應當是講聲韻學史，而鄭樵卻寫

成了聲韻學；〈昆蟲草木略〉亦是如此。鄭樵編寫史書非常強調「會通」，而

上述實際只做到「會」而未盡做到「通」。因而也就難怪元代劉壎的《隱居

通議》，徑把《通志略》看成類書了。〔註119〕蘇淵雷也指出鄭樵因不滿於班

氏斷代，乃輕詆其「考跡詩書，推表山川」的〈地理志〉爲「謬舉」，並且

批評其〈藝文志〉，這些都是賢者之蔽。〔註120〕吳懷祺則以爲鄭樵的整部《通

志》，不只《通志略》而已，都拘泥於古史之舊文，因此把古史之糟粕又移

到其書了，同時也未如司馬光一樣地對前代正史材料作過仔細的考訂，而削

〔註116〕顧頡剛，〈鄭樵傳〉，《國學季刊》1：2，頁 321。又可參內藤戊中，〈鄭樵の
史論に就いて〉，《東洋史研究》2：1，昭和 11 年，頁 3～4。

〔註117〕顧頡剛，〈鄭樵傳〉，頁 330～1。

〔註118〕李昭恂，〈鄭樵對文獻學的貢獻〉，《文獻》7（1981），頁 186。

〔註119〕倉修良，〈鄭樵和通志〉，《杭州大學學報》1980：4，頁 106。

〔註120〕蘇淵雷，前引文，《上海師大學報》1980：2，頁 89。

弱自己的求實思想。〔註 121〕吳氏還認為鄭樵的「按語」很精彩，但數量不多，且淹沒在龐大的紀傳文字當中，不為讀者所注意，更甚者是鄭樵只努力綜合眾史以求會通，還沒能改造眾史為一體。也就是說，它只是一種「復合」而非「融合」。〔註 122〕張孟倫以為最嚴重的則莫如他站在通史的立場惡罵班固「全無學術，專事剽竊」，甚至罵他是「豬」，這就很失學者風度了。因而胡元瑞謂「凡著述最忌成心，成心著手胸中，則是非顛倒，雖丘山之鉅，目睫之近，有蔽不自知者。鄭漁仲平生不喜班固，固其論已過也」。至於他最推尊的通史家司馬遷也說是「踽踽于七、八種書」的「博不足」、「雅不足」的淺薄之人，實際也未必全對。〔註 123〕

　　以上可謂是鄭樵史學的缺失，學者雖各有所見，但大多是針對於其義理宏構別識心裁的意義而言，強調這些瑕疵，實在是瑕不掩瑜，微不足道的。也因為如此，鄭樵的《通志略》與其史學對後世還是產生了相當程度的影響，以下再依時代先後次序簡略言之，俾以明瞭近古以降史學史的發展脈絡。

　　鄭樵的史學，並世而稍後的學者如王厚之、周孚都痛駁其說，但朱熹倒能知曉其旨，並在其《詩集傳》裡襲取鄭樵的方法和言論，〔註 124〕但可能一因鄭樵資望不高，年代太近，或因鄭樵反對理學，故朱熹不便稱揚鄭樵大名，但受其影響則史有共睹。

　　次者，鄭樵對章學誠的影響，從《文史通義》有〈申鄭〉、〈釋通〉、〈說林〉、〈答客問〉、〈言公〉諸篇，都有對鄭樵史學的推崇、發揚、批評乃至同情鄭樵而未嘗不有夫子自道之意，這些篇章在上文大多已經引用，都可看到學誠深受鄭樵的影響。

〔註 121〕　吳懷祺，〈通志的史學批評〉，《史學史研究》1988：4，頁 26。
〔註 122〕　參吳懷祺，〈鄭樵在歷史編纂學上的成就〉，《史學史研究》1981：4，頁 50。
〔註 123〕　張孟倫，《中國史學史》（甘肅：人民出版社，1986）下冊，頁 208～9。
〔註 124〕　參顧頡剛，〈鄭樵傳〉，《北大國學季刊》1：1，頁 331。朱子受鄭氏影響可從
　　　　　　《朱子語類》卷 80 看出：「舊曾有一老儒鄭漁仲，更不信〈小序〉，只依古本
　　　　　　與疊在後面。某（指朱熹）今亦只如此，令人虛心看正文，久之其義自見。」
　　　　　　顧頡剛作案語曰：「可見朱熹治《詩》學用鄭樵的法子，原不諱言。不過鄭樵
　　　　　　前朱熹不久，又沒有赫赫的盛譽，所以朱熹雖是用他的方法，取他的解說，
　　　　　　但不高興提出他的名字來。」參顧氏，〈鄭樵著述考〉，頁 104。又朱子語類
　　　　　　同卷亦述朱熹說〈詩序〉不足信，原受鄭樵影響，取〈詩序〉與《史記》《國
　　　　　　語》對質之後，然後才肯定〈詩序〉不可偏信。《文獻通考·經籍考》亦云：
　　　　　　「按夾漈專詆〈詩序〉，晦庵從其說」以上皆可參顧氏上引文，頁 106～107。

鄭樵的校讎目錄學理論對後世影響亦極爲深遠，如鄭寅的《七錄》、焦竑的《國史經籍志》和章學誠的《校讎通義》都是根據鄭樵的基礎加以發展出來的，章學誠即沿用鄭樵「校讎」一詞以涵蓋「目錄」，繼續發揚鄭樵的《通志略·校讎略》，加以補充和修正，撰成《校讎通義》。是書內篇有〈補鄭〉、〈校讎條理〉、〈補校漢藝文志〉、〈鄭樵誤校漢志〉以及其他尚有許多篇章都引用了鄭樵的學說，在「辨章學術、考鏡源流」的準則下，他提出「折衷六藝，宣明大道」和「互著別裁」法以補鄭樵所未及，從而提昇目錄學的舊有層次。

除章學誠外，清代在乾隆朝並敕撰《續通志》、《清朝通志》兩書，由書名即可知道受了《通志》的影響。至於其內容的體例與編纂方法，也莫不如此。《續通志》始修於乾隆 32 年，成書於 50 年（1785），凡 640 卷，內容即銜接《通志》而來，敘至明末。其體裁甚相類似，只缺世家年譜。各篇篇目的時代上下限亦不同，此點與《通志》無異。而《清朝通志》原名《皇朝通志》，修撰起訖皆同於上書，僅成〈二十略〉，凡 126 卷，體例全仿《通志略》。其餘本紀、列傳、世家、年譜、載記、四夷傳都省略，記載清初至乾隆朝的典制文物，分類條理，原委詳明。〈二十略〉之名稱亦與鄭樵相仿，僅子目有所增減而已。惟其內文則有不少與《清朝通典》重複。

連馬瑞臨的《文獻通考》也有體例上吸取《通志（略）》的成果。後人研究目錄學、校讎學等有關編纂方法學時，也都必需參研鄭樵的該書。於此可見鄭樵史學的影響後世史學的發展，也是多方面的。

五、結　論

由以上本文對鄭樵《通志略》的析述，在思想核心層面，鄭樵提出「會通」，其目標在「貫通古今」、「會理得道」，源頭則認同《春秋》一家之學與馬遷的「究天人之際，通古今之變」。批判意識則顯現在反對災祥符瑞，以爲是妖妄欺天欺人之學，並對專事褒貶及當時流行的義理、辭章之學都提出深刻批判。懷疑精神則以「按語」的形式，申其考信訂誤的見解。進步觀念則是史書的靈魂，鄭樵在對人類的進化與《通志略》二十略的提出，都在在說明他敘史都充滿演進、發展的理念。

在編纂理論層面，他在體例的理論上主張採行司馬遷的通史說，否定班固《漢書》的斷代史體裁，但內容上則略有更改，如改書志爲略，改表爲年

譜，並增載記與四夷傳。在歷史功用方面而言，鄭樵重視直筆，他以爲只有透過直書，才能達到垂警訓戒，彰善癉惡的作用。除此外，他還刻意注重實學，舉凡宮室器用、金石圖譜、昆蟲草木，莫不引爲經世致用之本，尤其鄭樵生逢國家民族大變，其史論主張因而都與生民休戚甚有關連。

再從編撰技術層面來言，鄭樵以會通觀點改寫前代十五史，雖結果未盡稱善，但在貫通古今，斟酌群言，自爲經緯，亦足爲一家之學。尤以《通志略》最爲精華，其中條貫學術，發明義例，可以深窺古人著述之心源；藝文校讎，圖譜金石，擴大史學研究範圍；天文地理昆蟲草木，結合實踐強調實學，可濟書本知識之窮。

然而鄭樵的史學史論亦頗有其失，陳振孫謂之「迂僻」、「師心自是」，馬端臨說他「譏詆前人，高自稱許」，戴東原謂之「大言欺人」、「賊經害道」，〔註125〕皆非無見，可謂賢者之蔽；章學誠在其偏失方面亦不爲之曲護，率多直諒之言，但這些瑕疵相較於鄭樵上承史遷通史家風，力矯班固以來斷代爲史的流弊，發憤著述，亦有深造自得，別識心裁的著作問世，乃是可以不必太過計較的。更且由於後世史家多受鄭樵史學的啓迪發蒙，而對史學有更高層次的建設，因而更可以肯定鄭氏史學在中國史學史上有其不可抹滅的重大貢獻。

〔註125〕陳振孫，《直齋書錄解題》卷2；馬端臨，《文獻通考》，卷201；戴震，《戴震文集》卷9〈與任孝廉植書〉。

鄭樵的史學批評及其成就[*]

壹、前言

　　史學批評是對史學現象的一種理性思考，也是對史學研究成果和史學研究狀況的一種理性反思。[註1] 史學批評的發展與史籍著述的進步是互為因果的，都是史學發展與進步的象徵。史學批評的發展自然引致史學著述的改進；反之，史籍著述的進步也必然孕育史學批評的發展。

　　中國史學批評的發展由來已久，可謂源遠流長。據顧頡剛氏考證，遠在子貢之時，即已察覺周朝對商朝歷史作惡意宣傳，而感慨地說：「紂之不善不如是之甚也！是以君子惡居下流，天下之惡皆歸焉。」後來孟子也看出周王室過份宣揚自己之成功，而喟然嘆曰：「盡信書不如無書，吾於武、成取二三策而已矣！」顧氏認為這些批評甚有見地，但仍不夠全面。直到後漢馬融作《尚書・泰誓》之否定文字一篇，他認為才是考據性（textual criticism）辨偽的第一聲，算是真正史學批評的先鋒。[註2] 其後，劉勰、劉寶、姚察……等人都有史學批評的專篇論作，可惜不是傳世未久即是著力不夠。[註3] 直至唐朝劉知幾《史通》一出，才是真正奠定中國史學批評基礎的第一人。關於劉氏《史通》的性質及地位，由《四庫全書總目》列為史評類的第一本書，即

---

[*] 本文原刊於《興大人文學報》第 32 期（台中：興大文學院，2002.6），頁 683～710。

[註1] 李振宏，《歷史學的理論與方法》（開封：河南大學出版社，1999）第 18 章，頁 443。

[註2] 顧頡剛，《古籍考辨叢刊（第一冊）・序》（上海：中華書局，1955）。

[註3] 劉勰，《文心雕龍》有〈史傳篇〉。隋・劉寶，《漢書駁議》，姚察《定漢書疑》顯係有關史學批評之專著，惜後兩書皆已亡佚。

足以說明一切，不必贅言，殆無疑義。此後，古典的史學批評歷經啖助、趙匡、鄭樵、朱熹、吳縝、梅鷟、胡應麟等等，以迄於清初乾嘉時期達於高峰，而有大師章學誠與崔述之出。構成了代有傳承、綿遠不絕的史學批評的優良傳統，值得大書特書。

　　本文擬從中選取宋朝鄭樵（生於宋徽宗崇寧三年，卒於南宋高宗紹興三十二年，1104～1162）作爲核心人物，以觀察在此一史學批評傳統中，鄭樵居何地位？其史學批評的內容如何？並審視其結果，其史學的發展是否具有引導、規範或調節的作用？以下本文分史評、事評、人評三方面加以疏解。

貳、史評

　　凡是研究鄭樵史學者，莫不首重其「會通」思想，認爲是鄭樵對史學的最大貢獻，也是其史論的精華主旨。這點是確鑿不移之論，筆者不能更弦張之。鄭樵在其傳世之作《通志》的〈總序〉開端，即揭櫫「會通」的論見，云：「百川異趣，必會於海，然後九州無浸淫之患；萬國殊途，必通諸夏，然後八荒無壅滯之憂，會通之義大矣哉！」其中「會」於大海，「通」於諸夏，已隱然點出其史學層面的，乃至是文化層面的主見，這是胸中點墨，盱衡古今而後才提出的，他說：

> 自書契以來，立言者雖多，惟仲尼以天縱之聖，故總詩書禮樂而會
> 於一手，然後能同天下之文，貫二帝三王而通爲一家，然後能極古
> 今之變。是以其道光明百世之上，百世之下不能及。〔註4〕

此處他所說的「會」是指「總詩書禮樂，會於一手」；所謂「通」，是指「貫二帝三王而通爲一家」。「會通」的涵意指的是歷史資料的彙輯、綜合和依據年代先後次序加以排比貫通。然其意尚有未盡，他還在〈上宰相書〉中談到：「天下之理，不可不會；古今之道，不可不通，會通之義大矣哉！」這裡更擴大層面地說「會通」的對象在天下之理與古今之道，也就是說「會理通道」以求得「古今之變」，用較爲現代的話說是會通天下之「理」和「道」，來探求歷史的演變及其原因。孔子以天縱之聖，做到了「會通」，所以其道光明百世之上，百世之下無人能及。鄭樵的「會通」，源本於孔子，是爲可知矣。他在〈上宰相書〉還繼續申論：「仲尼之爲書也，凡典謨制誥誓命之書，散在天

〔註 4〕鄭樵，《通志略・總序》（台北：里仁書局，1982），頁 1。

下。仲尼會其書而爲一，舉而推之，上通於堯舜，旁通於秦魯，使天下無逸書，世代無絕緒，然後爲成書。」又云：「水不會於海，則爲濫水；途不通於夏，則爲窮途。論會通之義，以爲宋中興之後，不可無修書之文，修書之本，不可不據仲尼、司馬遷會通之法。」〔註5〕兩則都說明鄭樵受孔子史著的影響而提出「會通」的見解。上述第二則，他也談到司馬遷了，司馬遷的「究天人之際，通古今之變，成一家之言」與鄭樵的「極古今之變」彼此顯有直接關係，不僅文字幾乎無異，他們所要會通的目的，也都是一樣的。只有在名稱上略有差別而已。鄭樵上究孔子、司馬遷治史原則，都有通識之長，皆能貫通古今，會理得道。所不同的只是鄭樵揭示「會通」來含蓋及貫通。「會通」既淵源於孔子，通徹於司馬遷，以此觀念看待整個歷史，自能得其高得其大，此觀念落實到實踐層次時，即綜合古來各種書籍而修成包羅萬象的著作，也就是鄭樵自己常說的「集天下之書爲一書」。〔註6〕

　　可見「會通」是鄭樵修史的第一原則，也就是他上評仲尼史遷之後的心得，因此變成了他修史的歷史觀了。吾人常言史觀是史學的靈魂，有什麼樣的歷史觀就有什麼樣的歷史知識。鄭樵的歷史觀如何運用出去？得到什麼方法論？則是下文所期待能夠釐清的。

　　從鄭樵的會通思想出發，大致可從歷史編纂學、歷史敘述論、校讎目錄學三方面看出鄭樵史學批評的真正實質內容。

一、歷史編纂學

　　鄭樵對史書體裁的看法，在會通思想的引導下，他主張通史體裁而否定斷代爲史。他在《通志‧總序》曾說：

> 孔子曰：「殷因於夏禮，所損益可知也；周因於殷禮，所損益可知也。」
> 此言相因也。自班固以斷代爲史，無復相因之義，雖有仲尼之聖，
> 亦莫知其損益，會通之道，自此失矣。

鄭樵對仲尼《春秋》馬遷《史記》以來的史學傳統，至班固的《漢書》斷絕感到非常痛心，因此他對班固其人其書都有不少批評，除了前引文字之外，尚有：「且謂漢紹堯運，自當繼堯，非遷作《史記》廁於秦、項，此則無稽之

〔註5〕《夾漈遺稿‧上宰相書》（台北：商務印書館，景印文淵閣四庫全書本，1983重刊本），頁521上。

〔註6〕《夾漈遺稿‧寄方禮部書》，頁516～519。另〈上宰相書〉亦云：「其書上自羲皇，下逮五代，集天下之書爲一書」。

談也，由其斷漢爲書，是致周秦不相因，古今成間隔。」〔註7〕又：「孟堅初無獨斷之學，惟依緣他人，以成門戶。紀志傳則追司馬之蹤。……由班固修書之無功耳。〈古今人物表〉又不足言也。」〔註8〕可知其批評言論裏，最不滿班固「斷漢爲書，是致周秦不相因，古今成間隔」，古今之損益遂無由知之，即使具天縱之聖亦不可得。孔子的「損益說」反映了孔子的歷史變易觀，他認爲歷史是不斷變化的，而且歷史的變化存在著繼承關係，所以他說殷因於夏禮，周因於殷禮，但其間有所損益，掌握了其間的損益變化，「其或繼周者，雖百世，可知也」，〔註9〕從而更可以鏨出歷史發展的規律。鄭樵的批評與不滿，很顯然上受孔子的影響。其次，《漢書·敘傳》自謂「漢承堯運」有神意史觀成份，鄭樵斥之爲「無稽之談」。復次，班固的〈古今人表〉把古今人物分成九等，失去了史遷作史表以觀盛衰的宗旨，亦是其致評之因。最後，鄭樵批評班固無獨斷之學。〔註10〕斷代史到底有什麼不好？依鄭樵的會通之義，他認斷代史有「失會通之旨」之弊。他更詳細地解釋說斷代史有三項弊端：一曰重複二曰隔絕三曰分歧（不一致），已詳陳前文〈鄭樵的《通志略》及其史學〉第三節，茲不復贅。此後他立意著作通史，擬恢復古有傳統，來糾正《漢書》斷代無復相因之失。

他著作通史的方法，當然是「不可不據仲尼、司馬遷會通之法」以爲根本。〔註11〕由此得悉他的批判斷代與注重會通之義，成就了其通史鉅作《通志》，變成了史遷《太史公書》之後的現存第二本通史體裁的鴻篇巨著。

體裁決定之後，再來即是史書的內容問題了。內容型態即是編纂方式。鄭樵的具體作法是把《史記》的本紀、世家、表、書、列傳，改寫成〈本紀〉18卷、〈年譜〉4卷、〈二十略〉52卷、〈世家〉3卷、〈列傳〉115卷、〈載記〉8卷，凡200卷的《通志》。差別在體例上，改「表」爲「譜」，改「書」（志）爲「略」，又本《晉書》另立「載記」。於茲且拆視分析之。

〔註7〕　《通志略·總序》，頁1。《漢書·敘傳》（卷一百下）云：「漢紹堯運，以建帝業，至於六世，忠臣乃追述功德，私作本紀，編於百王之末，廁於秦、項之列，太初以後，闕而不錄。故探撰前記，綴輯所聞，以述《漢書》」，見鼎文書局菊金本，頁4235。其實斷漢爲書，亦有學者（如吳天任等），謂班彪時即已鏨定。然因班固著力最多最久，故題署固著。

〔註8〕　《通志略·校讎略》，頁728。

〔註9〕　見《論語·爲政》。王銀春，《人類重要史學命題》（武漢：湖北教育出版社，2000），頁4～8，談及孔子的損益論，以此作爲該書的第一道史學命題。

〔註10〕　吳懷祺，〈《通志》的史學批評〉，《史學史研究》1988：4，頁20。

〔註11〕　《夾漈遺稿·上宰相（秦檜）書》，頁521上。

紀傳部分。鄭樵本人直言不諱說是從唐朝以前十五史舊文損益而成的，〔註12〕當然他並非「全鈔諸史，無所剪裁」，事實損益之外，還做過一番修飾，特別是三皇五帝兩卷損益尤多，並且附加有他個人的按語。鄭氏的按語，往往含有他精到的見解，充分顯示其卓越的史識，吾人不能輕易放過。同時他還增補舊史所無的新傳，單就春秋戰國時代，即增撰129人之多。魏晉南北朝部分的史傳文字，如〈呂蒙傳〉全錄裴松之注，充實史事，顯出呂蒙的將才。鄭樵在此可說把傳注揉和得渾然一體，堪稱具有史才。又如採敘李延壽的《南北史》，但又避開李延壽以門閥觀念類繫人物及好載機祥之弊，他參照斷代正史，按歷史時代編次重要人物，顯露出當時的時代社會特徵，極具史識。除此之外，在列傳中對斷代史重複出現的人物，必去其重複；對帶有貶義的〈賊臣〉〈索虜〉〈僭偽〉諸傳，必全部刪除這些傳目；反之，若各史類傳標題不一，如《晉書》有〈忠義〉，後魏稱〈節義〉，《隋書》曰〈誠節〉，宋稱〈孝義〉，《通志》則一律統稱〈忠義〉傳。《通志》卷180〈游俠列傳〉，下注附刺客、滑稽、貨殖，此四種人大致與人群社會都有直接關聯，是太史公以千古特識為之作傳，可惜後世自《漢書》以後即共鄙而棄之，竟至亡絕，鄭樵則慨然補茸之。另，〈四夷傳〉集中歷史之四方外族於一傳，有今國際關係史之雛型。凡上在在都是鄭樵深具史識，盱衡古史之得失，存識乎一心，透過《通志》具體呈現出來，設非鄭氏無強烈的批判意識，豈能得之？

二十略部分。則更不能說是「直錄舊典，而憚於改作」。歷來史家如梁啟超等，無不說《通志》精華，都在〈二十略〉，〔註13〕這點看法，是不易之論。其中除禮、刑法、職官、選舉諸略是節錄杜佑《通典》的文字之外，其餘十五略皆為鄭樵所創作。以此二十略與諸史志書相比，常是詳人之所無，略人之所有。而且舊史即使有志，也未嘗有多達二十略的，故此是鄭樵的獨特處。「略」在鄭樵的說法裏，只是恢復古代的原有名稱而已，用「略」來記述歷代國典朝章，文物沿革，且擴大到昆蟲草木，動植飛潛，在史學史上是頭一回。江淹有言：「修史之難，無出於志」。志最難修的理由，在於「志

〔註12〕 《通志‧總序》（台北：新興書局，1965）：「紀傳者，編年紀事之實蹟，自有成規，不為智而增，不為愚而減。故於紀傳，即其舊文，從而損益。」頁3。
〔註13〕 梁啟超，《中國歷史研究法并補篇》（台北：台灣中華書局，1973，台3版），頁24。另呂思勉、張舜徽等等學者皆然。

者，憲章之所繫，非老於典故不能爲也」。〔註14〕但鄭樵一修即二十志（略），可見其用心與能力，難怪他自負地說：「二十略，皆臣自有所得，不用舊史之文」〔註15〕茲爲減省篇幅，舉〈藝文〉〈圖譜〉兩略，略申其特徵，並概其餘。

〈藝文略〉本是舊史已有，但鄭樵未因襲前人舊作，卻另創新意，把以往諸史的〈藝文志〉或〈經籍志〉的目錄學史功能提升到學術史略的地步。他意圖透過該略推明源流並掌握學術，他認爲「學術之苟且，由源流之不分；書籍之散亡，由編次之無紀」，故在該略中大膽打破舊書分類編排方法，將歷代史志、公私書目以及自己訪書耳聞目見的十萬餘卷書籍分成 12 類、100 家、422 種。這份「破」的精神，實由勇於批判並結合宋代文化興盛所致。

〈圖譜略〉中，鄭樵更由批判古史對圖、表多忽視不用而創立此略。他以爲：「見書不見圖，聞其聲不見其形；見圖不見書，見其人不聞其語。圖至約也，書至博也。即圖而求易，即書而求難。古之學者，爲學有要，置圖於左，置書於右，索象於圖，索理於書，故人亦易爲學，學亦易爲功。」〔註16〕說明圖譜的作用，是「學術之大者」。〔註17〕他舉了天文、地理、宮室、器用、車旂、衣裳、壇兆、城築、田里、會計、法制、班爵、古今名物等 16 類，如有書而無圖，則花費功夫大而收效微。鄭樵把圖譜的重要性講得十分透徹，並且提高至前所未有的高度，在史學史上可以說是罕見的。總之，鄭樵主張編纂史書一定要做到圖文並茂，研究問題必須做到圖文並重，才有更好的效果。今日中西史書，尤其歷史教科書往往有較多的圖表照片，加強學子的歷史表徵與認知的功用，寧非遠受宋代鄭樵力倡此說的影響？

〈二十略〉固是《通志》的精華，已如前言，然各略的序文（此中禮、器服、藝文、職官、選舉、刑法、食貨則無序，殆因依傍前史，不復發例），更是精華中的精華，不可忽略。蓋序文都有概括性，各略之中又有小按，有如金線貫珠，也一併表達了鄭樵的史學見解。這種編纂方式也是舊史志書所未有，而特別值得提勒出來的。

〔註14〕 江淹在《梁書》有傳。《通志‧總序》引江淹之言。劉知幾《史通‧古今正史》談到江淹受詔著《齊史》亦云如此，是言爲清浦二田釋語。見《史通通釋》（上海：古籍出版社，1980），頁 355。

〔註15〕 《通志略‧總序》，頁 6。

〔註16〕 《通志略‧圖譜略‧索象》，頁 729。

〔註17〕 《通志略‧圖譜略‧原學》，頁 729～730。

年譜世家部分。年譜即歷代史書中的「表」。〔註 18〕鄭樵很重視表的功
用，曾說：「表者，一書之要也，不可說繁文。表者，一書之本也，不可記
末節」。〔註 19〕因此，他對《史記・十表》予以高評，以為「《史記》一書，
功在〈十表〉，猶衣裳之有冠冕，木水之有本原」。〔註 20〕他修《通志》時，
即按馬遷之法，自春秋之前，稱世譜；春秋之後，謂年譜。〈世譜〉記載了
三皇五帝至周代的世系與大事；〈年譜〉則補正了《三國志》《南齊書》《北
齊書》《梁書》《隋書》《周書》《南北史》諸史的各朝代譜系，使歷朝紀年有
序，世系不亂。因為前述諸史大多無表，鄭樵補之，而有「周知遠近，洞察
古今」之效，因而極具歷史意義，作用甚大。難怪傅振倫氏曾就此予以極為
肯定的評價。〔註 21〕

《通志》的〈世家〉只有 3 卷，附〈宗室傳〉8 卷，鄭樵將世家分為〈周
同姓世家〉與〈周異姓世家〉，在這兩卷之間，加入〈宗室傳〉專載西漢至隋
代宗室王侯的事蹟。鄭樵在此將《史記》之中原列世家的陳涉及漢興諸侯都
改入列傳。這點可能受到劉知幾的影響或謂與劉知幾同見。

載記部分。內容上包括了《晉書》的〈載記〉，並加以補正。《晉書》之
〈載記〉以人物作為題目，而鄭樵則改以國名作為題目，並且在排列上亦以
時代先後為序，形式上似更為完整。

總上在內容的編纂上，鄭樵亦有過人之處，並非是若干史家所認為的《通
志》除〈二十略〉外，全抄舊史，無所翦裁。〔註 22〕大抵而言，鄭樵在會通
觀點的引導下，以深富批評的史學意識，完成了一部完整的紀傳體通史巨
著，可能還有很多缺失，但在綜合眾史，於增、刪、移掇中表達其卓越的史
識，〔註 23〕則是可以確定的。

〔註 18〕《通志・年譜序》：「太史公改譜為表，何法盛改表為注，皆遠於義，不若專
周舊章」又在《通志・總序》裏說：「古者紀年別繫之書謂之譜，太史公改而
為表。今復表為譜，率從舊也。」
〔註 19〕《通志・年譜序》，頁 405。
〔註 20〕《通志略・總序》，頁 1。
〔註 21〕傅振倫，〈鄭漁仲之史學〉有云：「觀《通志・年譜》紀年不過六甲，而為事
之目，全師司馬氏，與唐代諸書之為表，小字旁行，盡載所述，華蕃畢書者，
不同，可謂深得史意者矣。」，刊《中法大學月刊》55，頁 62。
〔註 22〕代表性的言論，可見章太炎，《史學略說》：「(通志) 不僅紀、傳、世家、載
記全抄諸史，無所翦裁，即其所極意經營之〈二十略〉，亦不免直錄舊典，而
憚於改作。」
〔註 23〕倉修良，〈鄭樵和通志〉，《杭州大學學報》1980：4，頁 103。吳懷祺，〈鄭樵
在歷史編纂學上的成就〉，《史學史研究》1981：4，頁 50～53。

　　從通史紀傳體裁到內容的體例形式，是由內而外敘述形態，準此以往，則再來應談到最基本的史料文獻問題。鄭樵關於此者所談不多，我們仍只能從其會通思想出發來整理之。他曾經說：

　　仲尼之爲書也，凡典謨訓誥誓命之書散在天下，仲尼會其書而爲一，舉而推之，上通於堯舜，旁通於秦魯，使天下無遺書，世代無絕緒，然後爲成書。司馬遷之爲書也，當漢世挾書之律初除，書籍之在天下者，不過《書》《春秋》《世本》《戰國策》數書耳。遷會其書而爲一書，舉而推之，上通乎黃帝，旁通乎列國，使天下無遺書，百代無絕緒，然後爲一書。史家據一代之史，不能通前代之史，本一書而修，不能會天下之書而修，故後代與前代之事不相因依。又諸家之書，散落人間，靡所底定，安得爲成書乎？〔註24〕

這是鄭樵總結孔子與司馬遷修史的經驗而作的概括，也就是他說過的「修書之本，不可不據仲尼、司馬遷會通之法」。〔註25〕其意在修史必先「會天下書」，亦即是史料搜求與處理的問題。他主張史家必須博綜所有文獻，不止要遍覽三館四庫的藏書，而且更要注意搜集散落民間的書籍，最後是「盡見天下之書，方可以無遺恨」。

　　鄭樵本人修書時，即是這種主張的實踐者，他是「搜盡東南遺書，搜盡古今圖籍，又盡上代之鼎彝與四海之銘碣，遺篇缺簡，各有彝倫，大篆梵書亦爲釐正」，〔註26〕又說自己是「三十年著書，十年搜訪圖書，竹頭木屑之積亦云多矣，將欲一旦而用之可也」。〔註27〕他的意思是所有的史料文獻，都要盡量搜盡訪求，無所遺漏。基本上跟唐代劉知幾主張的「博采」是一致的。史料搜集之後，再整理編排，參同校對，擇善以從，這與劉知幾的「擇善」主張，也並無不同。舉例而言，當他探述南北朝各史時，以李延壽的《南史》與《北史》互校，然後擇善而從，補正闕略。又在〈文苑傳〉裏，鄭樵綴錄《北史》記載的王褒、庾信、顏之推兄弟諸人的傳文，來補全《周書》的漏缺。又《隋書》未撰載的部分則亦根據《北史》的史料，次第增編。〔註28〕

〔註24〕　《夾漈遺稿・上宰相書》，頁 521。
〔註25〕　《夾漈遺稿・上宰相書》，頁 521 上。
〔註26〕　《夾漈遺稿・獻皇帝書》，頁 514 下。
〔註27〕　《夾漈遺稿・上宰相書》，頁 522 上。
〔註28〕　廈門大學鄭樵研究小組，〈鄭樵史學初探〉，《中國史學史論集》（上海：人民出版社，1980），頁 331。

但鄭樵在〈二十略〉中的〈金石〉和〈校讎〉兩略又別有主張，其言略謂：

> 惟有金石所以垂不朽。今列而爲略，庶幾式瞻之道猶存焉。且觀晉人字畫，可見晉人之風猷；觀唐人書蹤，可見唐人之典則。此道後學安得而舍諸！三代而上，惟勒鼎彝，秦人始大其制而用石鼓。始皇欲詳其文而用豐碑。自秦迄今，惟用石刻，散佚無紀，可爲太息！
> 〔註29〕

以金石款識保存史料，「以茲稽古，庶不失眞」，確比其他圖籍更能持久。而鄭樵特別以「略」的形式發論，也算是一大建樹。另在〈校讎略〉上，對於如何搜輯史料、儲備史料、校勘史料等等方面也提出許多可貴的方法和意見。對於如何搜集史料，他列舉了 21 個題目，既詳細論述了求書的途徑，又對搜集而來的史籍如何作分類和編排的方法加以介紹。〔註30〕這兩略相關的史料文獻學上的主張，則是有別於劉知幾而另外發展成論的。至於他批評《史記》的史料「博不足」的問題，則留待下節「人評」再述。

二、歷史敘述論

所謂的歷史敘述論，其實就是古代所謂的修史撰史之業。上述關於體裁、內容及史料的搜集整理、校勘鑑定之後，即是如何修撰的實際執行層面。鄭樵對於這方面，首先他主張直筆，他主張讓史實說話，史家的責任即是直書。他說：「史冊以詳文該事，善惡已彰，無待美刺。讀蕭、曹之行事，豈不知其忠良？見莽、卓之所爲，豈不知其凶逆？」〔註31〕不必任情褒貶，只須如實反映史實。他相信如西方近代史學中歷史主義者所主張的史實本身可以說明一切。他強調客觀，但也認爲要客觀記載史實也不容易，首先即須做到「平心直道」，他說：「著書之家，不得有偏徇而私生好惡，所當平心直道，於我何厚，於人何薄哉？」〔註32〕並自解云：「心平者，然後可以語道。氣和者，然後可以論人。論人之道，不可偏循」〔註33〕只有做到這兩點，才能客觀眞

〔註29〕《通志略·金石略》，頁 734。
〔註30〕《通志略·校讎略》，頁 721～728。21 個題目都詳列其中，茲不贅述。另可參顧志華，〈鄭樵校讎略在歷史文獻學上的價值〉，《華中師院學報》1984：1，頁 70。
〔註31〕《通志略·總序》，頁 3。
〔註32〕《通志略·氏族略第三·按語》，頁 49。
〔註33〕《通志·宦者傳》（卷 179），頁 2865。

實記載。在《通志・總序》說的「不爲智而增，不爲愚而減」亦即直筆之理。鄭樵的說法，也引導了章學誠在《文史通義・書教下》的看法：「史爲記事之書，事萬變而不齊，史文屈曲而適如其事，則必因事命篇，不爲常例所拘；而後起訖自如，無一言之或遺或溢也。」史書取材，注重徵實，史家文字須有所本，不可任意更張，這就是直書實錄。

其次，鄭樵認爲修史者應具備文才與史才，如果只有文才，則以不豫修史爲妥。他在〈上宰相書〉中曾說過：「修書自是一家，作文自是一家。修書之人必能文，能文之人，未必能修書。若之何後世皆以文人修書？」文士修史，弊端甚大，唐代劉知幾的批評已言之鑿鑿，如文士「私徇筆端，苟衒文彩，嘉辭美句，寄諸簡策」以爲「豈知史書之大體，載削之指歸？」；〔註34〕對「元瑜孔璋之才，而處丘明子長之任」也認爲「文之與史，何相亂之甚乎？」知幾大力肆評當代詞人入館修史。鄭樵受到劉氏影響，也反對文人修史，文士修史必具史才方可。他甚至也說：「若樵直史苑，則地下無冤人」，自許自己深具史才，可以入史館修史。

劉知幾、鄭樵的見解，也開導了章學誠，他也有相同的說法，而且更具體深入。他說：「史筆與文士異趨，文士務去陳言；而史筆點竄塗改，全貴陶鑄群言，不可私矜一家機巧也。」〔註35〕又說：「文人之文與著述之文，不可同日語也。著述必有立於文辭之先者，假文辭以達之而已……故以文人之見解而議著述之文辭，如以錦工玉工議廟堂之禮典也。」〔註36〕

他認爲史筆貴乎「陶鑄成文」，此點非一般文士可以企及，這與劉知幾批評文士不應修史在於文士「多無銓綜之識」是無甚差別的。〔註37〕蓋欲「陶鑄成文」，設無「銓綜之識」，焉可得之！此義昭著，允爲公評。然鄭樵亦有與焉。

三、校讎目錄學

鄭樵在校讎目錄學上亦有過人的成就，其成就多由批判前史而逐步提出相關學說建立而成的。這方面的主要論述大都散在《通志略》的〈藝文〉〈校

〔註34〕《史通釋評・論贊》（台北：華世出版社，1981），頁99～100。
〔註35〕《文史通義・跋湖北通志檢存稿》，頁519。
〔註36〕《文史通義・答問》，頁184。
〔註37〕劉知幾在《史通・覈才》曾說：「但世重文藻，詞宗麗淫，於是沮誦失路，靈均當軸。每西省虛職，東觀佇才，凡所拜授，必推文士。亦使握管懷鉛，多無銓綜之識；連章累牘，罕逢微婉之言，而舉俗共以爲能，當時莫之敢侮。」華世釋評本，頁290～291。劉氏的感受頗深，語氣亦重。

讎〉〈圖譜〉〈金石〉諸略之中。由各略的著作緣起,如〈藝文略〉他批評:「學術之苟且,由源流之不分;書籍之散亡,由編次之無紀」所以才作〈藝文略〉;在〈圖譜略〉他說古之學者,左圖右書,不可偏廢,但自劉歆作《七略》,收書不收圖,班固即其書而撰成〈藝文志〉,以後即圖譜日亡,書籍日冗,所以「困後學而隳良材者,皆由於此」。他在〈金石略〉說:「金石之功,寒暑不變,以茲稽古,庶不失眞」,且金石款識,是古人面貌,猶存其舊,故作此略。論〈校讎略〉則云:「冊府之藏,不患無書;校讎之司,未聞其法。欲三館無素餐之人,四庫無蠹魚之簡,千章萬卷,日見流通,故作〈校讎略〉。」

由以上之序論,可知鄭樵著〈藝文〉〈圖譜〉〈金石〉三略,乃欲糾正前此目錄學者之因循苟且,類例不當,故自出樞機,別爲分類。〈校讎略〉則欲爲目錄學者訂定工作之南針,作爲整理典籍之依據,然後目錄之學,才有其完整的體系。在〈校讎略〉中,他提到:

> 學之不專者,爲書之不明也。書之不明者,爲類例之不分也;有專門之書則有專門之學,有專門之學則有世守之能。人守其學,學守其書,書守其類。人有存沒而學不息,世有變故而書不亡。……類例分則百家九流各有條理,雖亡而不能亡也。

又云:「欲明天者,在於明推步;欲明地者,在於明遠邇;欲明書者,在於明類例。類例不明,圖書失紀,有自來矣。」〔註38〕可見其〈校讎略〉乃爲部次群書而作,其中他提出「類例」的主張,強調圖書分類的重要,以爲類例可以明書,明書可以守學,守學可以傳人,析論深刻。鄭樵所論類例,其實有其原本,上古《易經》《史記》已有「類」的概念,至劉知幾時,亦有「人物品彙」的觀點。〔註39〕鄭樵則更加發揚古來史家「類」的觀念,擴大用於治學的方法上,他說:「善爲學者,如持軍治獄,若無部伍之法。何以得書之紀,若無核實之法,何以得書之情?」另「士卒之亡者,由部伍之法不明也,書籍之亡者,由類例之法不分也。類例分則百家九流各有條理,雖亡而不能亡也。」〔註40〕鄭樵認爲持軍治獄應用的「部伍之法」,他將治學應用的類例

〔註38〕 兩引皆見《通志略・校讎略・編次必謹類例論》,頁721～722。

〔註39〕 劉知幾云:「蓋聞方以類聚,物以群分,薰蕕不同器,梟鸞不比異。……史氏自遷固作傳,始以品彙相從。是以韓非老子共在一篇,董卓袁紹無聞二錄;……亦有厥類眾夥,宜爲流別,而不能定其同科,申其異品者,用使蘭艾相雜,朱紫不分,是誰之過歟?蓋史官之責也。」,見《史通釋評・品藻》,頁219。

〔註40〕《通志略・圖譜略・明用》,頁730。顧頡剛氏在其〈鄭樵傳〉中說:「鄭樵的眞學問,原不在精上,也不在博上,而在『部伍』與『覈實』兩個方法上。」

之法，看作與部伍之法同等重要。他在方法中，還主張再「細分」，以求達到精密準確的地步。他說過：「類例不患其多也，患處多之無術耳」，〔註41〕「凡編書唯細分為難，非用心精微則不能也」〔註42〕即是。

在這項主張下，鄭樵因而把古今圖籍，總分為 12 類，100 家，422 種，〔註43〕可以說是史無前例的圖書細目分類，以突破古來《七略》四部的範圍了。所以他說：「散 422 種書，可以窮百家之學，歛百家之學可以明 12 類之所歸」。這是他在目錄學上最大的貢獻了。

在分類圖書、編次圖書之餘，他也很重視求書和校書，主張兩者都要設置專官典司，並且使其久任，進而提出有名的求書八論。〔註44〕鄭樵認為國家圖書館要豐富館藏，必須廣為徵求，其求書八法，對當代及後世公私館藏都有深刻的影響，後代藏書家多奉為圭臬。

其次在〈藝文略〉中，鄭樵主張圖書分類和編目的最大作用，在於「辨章學術，考鏡源流」。在前述的類例主張之下，他創立三級類目的分類體系，突破古來《漢書藝文志》《隋書經籍志》所採行的兩級分類體系。由於宋代文化盛，圖書多，故鄭樵以其卓識分置 12 類 100 家 422 種。這種三級分類法，簡單舉例說明如下：12 類有經、禮、樂、小學、史、子、天文、五行、藝術、醫方、類書、文，即為第一級類目。次由「類」再析分為「家」，舉「經」類而言，再分為易、書、詩等等 9 家為第二級類目，再由「家」析分為「種」，如易再分為 16 種等等。其法對經類之中的《易經》居然可以細分到 16 種之多，最主要是他看到了種與種之間的差別，〔註45〕所以才勇於對《新舊唐志》《崇文總目》的四分、《中經》的五分、《隋志》的六分、《七錄》的七分、《七志》的九分等法作出突破，創下新的三級「類——家——種」的分類體系。而其〈藝文略〉廣收古今典籍 10,912 種，110,972 卷，比《漢書·藝文志》所

〔註41〕 《通志略·校讎略·編次必謹類例論》，頁 721～722。

〔註42〕 《通志略·校讎略·編書不明分類論》，頁 728 上。

〔註43〕 倉修良仔細核對後說實際應有 430 種，見氏著，〈鄭樵和通志〉，《杭州大學學報》1980：4，頁 105。田鳳臺則說共有 431 種，見其著《古籍重要目錄書析論》（台北：黎明文化事業公司，1990）第三章〈鄭樵目錄學析評〉，頁 79。

〔註44〕 求書之道八論：一曰即類以求，二曰旁類以求，三曰因地以求，四曰因家以求，五曰求之公，六曰求之私，七曰因人以求，八曰因代以求。詳可參《通志略·校讎略》〈求書遣使校書久任論〉〈求書之道有八論〉，頁 724～725。

〔註45〕 鄭樵說：「易本一類也，以數不可合於圖，圖不可合於音，讖諱不可合於傳注，故分為十六種」，說明了為什麼《易》必須再分為十六種。參《通志略·校讎略·編次必謹類例六論》，頁 721。

收 38 種，13,269 卷，已多出甚多，可見他想包括古今，備錄無遺，乃至最後
要達到「通錄圖書之有無」詳今略古的企圖。雖然最後鄭樵並未完全做到此
點，但他收錄圖書的廣泛程度則超越前人甚多。

　　除了上兩略之外，他還充分重視圖譜、金石的價值，將之提升至與圖書
同等的地位，除了擴大史料文獻的範疇外，亦具校讎功用。鄭樵在〈金石略〉
裏，專採三皇五帝的泉幣鼎彝、秦人石鼓、漢魏豐碑，上自倉頡石室之文，
下逮唐人之書，各列其人而名其地，可見其識見甚廣。至於〈圖譜略〉，他提
出治學要做到圖文並重，根據天文圖、地理圖、宮室圖、器物圖及各種表譜，
與圖書資料互相校核，才有比較精確的知識。因而他讚揚收有圖譜的古書，
並在自己的《通志》貫徹這項理念。

　　以上所述鄭樵的見解，均可包括在其「通錄圖、書之有無」的觀點之下。
這是他「會通」的史學思想在校讎目錄學方面的具體體現。在〈藝文〉〈校讎〉
兩略所展現的即是其類例之法，而在〈金石〉〈圖譜〉兩略則是核實之法。然
若以校讎目錄學理觀之，則前兩略的重要性過於後兩略。

　　鄭樵在校讎目錄學方面對後世的影響極為深遠，如鄭寅的《七錄》、焦竑
撰《國史經籍志》的一些子目及章學誠的《校讎通義》都是根據鄭樵這方面
的基礎加以發展出來的。

參、事評

　　本節主要是討論鄭樵對國家社會或當時學術文化之大事，提出針砭意見
的批評，但仍就其史學史著肆論的範圍內來論述。茲亦分三小節析之。

一、對古來學風——批妖妄欺天欺人之學

　　歷代史籍當中，往往充斥一些讖緯災祥之類的怪誕荒唐記載，這是自孔
子以後即常見的現象。稍晚於孔子的騶衍曾倡五德終始說，後來漢代董仲舒
更大肆宣揚君權神授的天命論和天人感應的目的論。這種天人感應說，在兩
漢氾濫成為讖緯迷信思想，以後甚至迄於今日，社會上都仍存在這種思想，
故亦可謂源遠流長，其來有自。唐代劉知幾曾針對班固《漢書‧五行志》，在
《史通》內篇的〈書志〉和外篇的〈五行志錯誤〉及〈五行志雜駁〉兩篇專
門批評之；另在〈采撰〉篇，以史料學的角度立論，極力反對魏晉以降的史
家如嵇康、玄晏、范曄、沈約、魏收等人及唐修《晉書》等，都援引神話圖
讖、寓言奇事、神怪奇說入史，混淆史實，而批評其所載錄之休咎賞罰，都

是妄說。但這類記載，連一向以嚴謹著稱的《資治通鑑》也未必能滌除淨盡，直至兩宋之間鄭樵生世，天命災祥之說仍有其穩固的社會基礎。南宋初期秦檜更是以「造災祥之說，飾和議之功」﹝註46﹞而著名，對於這些現象鄭樵即尖銳地批評：「仲尼既沒，先儒駕以妖妄之說而欺後世。後世相承，罔敢失墜者，有兩種學：一種妄學，務以欺人；一種妖學，務以欺天。」

鄭樵認為妖妄之學是古來學術史上傳衍已久的兩種惡劣傳統。妖學用以歪曲自然現象，妄學用以歪曲歷史現象。他更詳細地說：「天地之間，災祥萬種，人間禍福，冥不可知。奈何以一蟲之妖，一氣之戾，而一一質之為禍福之應？其愚甚矣！」﹝註47﹞自然界的異象，未必與人事相干，但歷代史書卻「析天下災祥之變而推之於金木水火土之域，乃以時事之吉凶而曲為之配。（此之謂欺天之學）」﹝註48﹞鄭樵對這種欺天妖學，指出「國不可災祥論興衰」「家不可以變怪論休咎」，﹝註49﹞應該「民事必本於時，時序必本於天」，﹝註50﹞他對天人感應說的否定，使他寫〈災祥略〉時「專以紀實跡，削去五行相應之說，所以絕其妖」；撰〈天文略〉時，也重在申明「識垂象以授民時之意，而杜絕其妖妄之源焉」。﹝註51﹞不只在廿略，在《通志》的紀傳部分，也根據這項務實的精神，將舊史之中許多荒誕不經的記載加以刪削，或者採用按語的形式降格書寫，予以保留做為參考。

另外，鄭樵針對後世妄釋孔子《春秋》之意，亦予以強烈批評。他說：「凡說《春秋》者，皆謂孔子寓褒貶於一字之間，以陰中時人，使人不可曉解。三傳唱之於前，諸儒從之於後，盡推己意，而誣以聖人之意。此之謂欺人之學。」﹝註52﹞在這種妄學臆說之下，撰史者可憑個人好惡或自身利害而專事褒貶，導致相互指罵，黨同伐異，賢奸顛倒，隱惡溢美，不僅失卻史實真相，忽略憲章，甚至「傷風敗義，莫大乎此」，鄭樵有鑑於此，故主張根本廢除褒貶美刺，以為只要從實記載，則忠良凶逆自見，史家不必多加論評，也就是史書「詳文該事」即足矣。

﹝註46﹞ 《宋史紀事本末‧建炎紹興諸政‧張溥曰》（台北：三民書局，1956），頁138。
﹝註47﹞ 《通志略‧災祥序》，頁755。
﹝註48﹞ 《通志略‧災祥序》，頁755。
﹝註49﹞ 《通志略‧災祥序》，頁755。
﹝註50﹞ 《通志略‧總序》，頁3。
﹝註51﹞ 《通志略‧天文序》，頁197。
﹝註52﹞ 《通志略‧災祥序》，頁755。

二、對當時學風——批義理辭章之學

宋代的學術主流在於理學。鄭樵指出「仲尼既歿，百家諸子興焉，各效《論語》以空言著書，至於歷代實蹟，無所紀繫」。〔註53〕他對這種「操窮理盡性之說，而以虛無爲宗」的學風很不滿，〔註54〕曾指出《論》《孟》之類的書「皆義理之言，可詳而知，無待注釋，有釋則人必生疑」。〔註55〕鄭樵反對空談義理，他曾說：

> 後人學術難及，大槩有二：一者義理之學，二者辭章之學。義理之學尚攻擊，辭章之學務雕搜。耽義理者則以辭章之士爲不達淵源，玩辭章者則以義理之士無文彩。要之，辭章雖富，如朝霞晚照，徒焜耀人耳目；義理雖深，如空谷尋聲，靡所底止。二者殊塗而同歸，是皆從事於語言之末，而非爲實學也。〔註56〕

義理辭章皆「從事語言之末」，皆以形式、虛無爲宗，置實學於不問，故鄭樵反對之，並進而主張史學著作應當講究實用，而「欲有法制可爲歷代有國家之紀綱規模」。引文之中，鄭樵拈出「實學」一義，實甚清楚而且重要。前述，即以此義審視古來機祥妖妄，而結論回歸實學；此處亦以此覘驗辭章義理，而結語以爲歷史不可「徒相尙於言語」不能「專鼓唇舌」，必須返還實用實行。因此他撰寫〈二十略〉可以說即是以實學的角度來著眼立論的，甚至整部《通志》都可以看出是實學的具體實踐。筆者以爲若把實學此義，和上節「史評」所揭櫫的會通史觀合併研究鄭樵史學，其實會通思想猶如其「神」，而此節「事評」拈出的實學主張，則猶如其「骨」，兩則俱爲析述鄭樵史學的主要體幹，廢一不可。鄭樵評述歷代學術、政治，即從此兩點出發，進而撰成其一家自得之言，竟也流傳千古。

三、對當代時局——提史學經世說

鄭樵年輕時躬逢靖康之難，北都淪陷，二帝蒙塵，高宗南遷，偏安一隅，分裂時代開始。宋金對峙之下，秦檜提出「南自南，北自北」的現實主張，但鄭樵則希望結束這種分裂局面。他逢此變局，憤激有加，故曾上書宇文虛

〔註53〕《通志·總序》，頁 1。
〔註54〕《通志略·昆蟲草木略》，頁 785。
〔註55〕鄭樵，《爾雅注·序》（台北：臺灣商務印書館，景印文淵閣四庫全書本，第221 冊，1983 重印），頁 239 下。
〔註56〕《通志略·圖譜略·原學》，頁 729。

中樞密、江給事中，自命程嬰、杵臼、荊軻、聶政、紀信、馬援、范滂、嚴杲卿，以「斟酌治體如扁鵲治疾，盡見五臟凝結；解紛排難如庖丁鼓刀，無少留刀」自許，〔註57〕欲在時勢上有所作為。但最後挫折連連，遂轉志於學問名山之業，〔註58〕有以學問經世的意味。茲以其〈二十略〉中的氏族、都邑、昆蟲草木三略為例，略申其貢獻。

本來這三略是劉知幾主張正史應該增寫都邑、氏族、方物三志，但應如何來寫，劉知幾並未進一步說明，全靠鄭樵個人摸索。劉知幾倡作〈都邑志〉，主在述宮闕制度及朝廷軌儀，但鄭樵的〈都邑略〉則有批判趙構妥協投降，偏安江左的現實政治意義，他甚至建議要以南陽取代臨安為都。

在〈方物志〉劉知幾主張：「任土作貢，異物歸於計吏，奇名顯於職方」有為當局服務之意，鄭樵則擴大〈方物〉而為〈昆蟲草木略〉，要「廣覽動植，洞見幽潛，通鳥獸之情狀，察草木之精神，然後參之載籍，明其品彙」，用心在辨明事物，闡發實學思想。

在〈氏族志〉劉知幾主要是要表現出其身份志趣，所謂「用之於官，可以品藻士庶；施之於國，可以甄別華夷」，〔註59〕但鄭樵則反對門第郡望的氏族觀，代之以朝廷職位來譜列氏族舊有郡望譜列法。由此三略可以看出鄭樵修撰的目的，除了反映時代的變化，也含有對舊事物批判的思想。〔註60〕

在社會經濟方面，鄭樵生逢兩宋之際，土地高度集中，人民稅賦沉重。南渡以後，江南地區人民負擔更重，「朝廷所仰，惟兩浙、閩廣、江南，才平時五分之一，兵費反逾前日」，〔註61〕《宋史食貨志》也記載：「催科無法，賦役不均」，〔註62〕可見人民生活痛苦。建炎、紹興年間，有不少亂事，可知動盪苦難。他認為要解決唐宋以來久懸的社會問題，須先從土地問題著手，他主張的土地政策頗有均田均土的成份，最後「當使一民有百畝之田」，「使天下無無田之夫，無不耕之民」，〔註63〕欲根本解決社會經濟的重大問題。他還主張減輕與平均賦役的負擔，讓民眾免於憂患，擺脫社會危機。鄭樵關心

〔註57〕《夾漈遺稿·與景韋兄投宇文樞密書》，頁525。
〔註58〕顧頡剛，〈鄭樵傳〉，《北大國學季刊》1：1（1923），頁313。
〔註59〕《史通釋評·書志》，頁89。
〔註60〕吳懷祺，〈鄭樵在歷史編纂學上的成就〉，《史學史研究》1981：4，頁49。
〔註61〕莊綽，《雞肋篇》（台北：臺灣商務印書館，景印文淵閣四庫全書本，第1039冊，1983重刊本）卷中，頁179。
〔註62〕《宋史·食貨志上》（台北：鼎文書局，1980），頁4159。
〔註63〕《通志略·食貨略·賦稅》按語，頁539。

社會經濟的眞誠，在《通志》和《夾漈遺稿》中都以「按語」的形式來表達揭露，這部分是他的眞見識，爲其史論的重要部分，鄭樵凝聚這些眞識，最後才能達到他所要達到的「極古今之變」。

肆、人評

本節所欲論述者，仍以史書史家爲主，不旁及其他。如《通志‧總序》所云之「讀蕭、曹之行事，豈不知其忠良？見莽、卓之所爲，豈不知其凶逆？」蕭何、曹參與王莽、董卓，皆非本節所欲評述之人物，蓋因與史書之撰述編纂無涉也。準此以言，則首當以孔子爲論。

鄭樵在其著述當中論及孔子之處甚多，如在《通志‧總序》：「惟仲尼以天縱之聖，故總詩、書、禮、樂而會以一手，然後能同天下之文，貫二帝三王而通爲一家，然後能極古今之變」；如在《夾漈遺稿‧上宰相書》：「修書之本，不可不據仲尼、司馬遷會通之法」；「仲尼之爲書也，凡典謨訓誥誓命之書，散在天下。仲尼會其書而爲一，舉而推之，上通於堯舜，旁通於秦魯，使天下無逸書，世代無絕緒，然後爲成書」皆在前述諸節所引見，可知鄭樵對孔子是滿心滿意地讚揚，尊之以天縱之聖人。鄭樵史學制高點的「會通」史觀，即是從孔子、司馬遷學來的。因而鄭樵尊孔，吾人以爲宜乎如此。

至於對司馬遷而言，鄭樵基本上讚譽較多，如《通志‧總序》：「司馬氏世司典籍，工於制作，故能上稽仲尼之意，會《詩》、《書》、《左傳》、《國語》、《世本》、《戰國策》、《楚漢春秋》之言，通黃帝堯舜至於秦漢之世，勒成一書。」司馬遷的《史記》才是他《通志》的學習摹倣的對象，《通志》的成書，也代表紀傳體通史家風承繼有人。他曾論述：「《史記》一書，功在十表，猶衣裳之有冠冕，木水之有本原」，〔註64〕他修史時亦按《史記》之體例，略加變通，改易而得。如他說「按馬遷之法，得處在表，用處在紀傳，以其至要者條而爲綱，以其滋蔓者釐而爲目。今之所譜，即太史公法，既簡且明，循環無滯」〔註65〕在在皆譽揚史遷。

然而鄭樵從史料文獻的角度發論，在〈總序〉卻說：

然大著述者必深於博雅，而盡見天下之書，然後無遺恨。當遷之時，挾書之律初除，得書之路未廣，亙三千年之史籍，而踟躕於七八種

〔註64〕《通志略‧總序》，頁1。
〔註65〕《夾漈遺稿‧上宰相書》，頁520下～521上。

書。所可爲遷恨者，博不足也。凡著書者，雖採前人之書，必自成
一家言。左氏，楚人也，所見多矣，而其書盡楚人之辭。公羊，齊
人也，所聞多矣，而其書皆齊人之語。今遷書全用舊文，間以俚語，
良由採摭未備，筆削不遑。故曰：「予不敢墮先人之言，乃述故事，
整齊其傳，非所謂作也。」劉知幾亦譏其多聚舊記，時插雜言。所
可爲遷恨者，雅不足也。

鄭樵批評史遷博、雅皆不足，恐怕是史學史上的「孤論」。套用考證方法所
謂孤證不立，吾人亦可謂孤論不立。其實鄭樵的評語，皆輕率之辭，非其實
際。茲舉張舜徽氏所言辯之：「今觀太史公書中所引若〈諜記〉〈歷術〉〈甲
子篇〉〈禹本紀〉〈秦紀〉之屬，叢雜猥多，其未稱引者尤夥。至於游覽四方，
實地考察，得之於耳聞目見者，又非書本所能限矣。鄭氏乃謂史公取材，未
足言博，夫豈其然！」又云；「太史公所采《尚書》文字，莫不代奇辭以淺
語，易古文爲今字。其於《左傳》《國語》《禮記》《論語》之屬，靡不皆然。
盡取前人之書，施以翦裁鎔鑄，並翻譯爲淺明易懂之文字，其不可沒之功在
是也。至於取材之際，亦復愼於別擇，於荒遠無稽之事，去取尤嚴。所謂『百
家言黃帝，其言不雅馴，縉紳先生難言之』則其俚俗傳言，多所摒棄矣。……
則其筆削之功，亦豈可泯！鄭氏謂史公著書，未足言雅，亦失之輕率矣」。
〔註66〕張氏說辭甚有力，同樣看法的學者亦大有人在，〔註67〕可見鄭樵此
評似失之急切膚淺，即使不學如筆者，亦難同意。

對班固及其《漢書》的批評，則貶辭多褒辭寡，甚至是惡言相向。緣故
何在？主要出於他站在通史的立場，痛詆班固斷代爲史，阻斷會通之義。除
前面諸節所引外，鄭樵的批評還有：

班固者，浮華之士也，全無學術，專事剽竊。肅宗問以制禮作樂之
事？……固惟竊取叔孫通十二篇之儀以塞白而已。肅宗知其淺陋，
故語竇憲曰：「公愛班固，而忽崔駰，此葉公之好龍也。」固於當時
已有定價，如此人材，將何著述？

又云：

自高祖至武帝，凡六世之前，盡竊遷書，不以爲慚。自昭帝至平帝，
凡六世，資於賈逵、劉歆，復不爲恥。況有曹大家終篇，則固之自爲

〔註66〕張舜徽，《史學三書平議・通志總序平議》（北京：中華書局，1983），頁147
～148。
〔註67〕如張孟倫，《中國史學史》（蘭州：甘肅人民出版社，1983），頁208～209。

書也幾希。往往出固之胸中者，古今人表耳。他人無此謬也。後世眾

手修書，道傍築室，掠人之文，竊鍾掩耳，皆固之作俑也。〔註68〕

鄭樵誹訕班氏可謂極盡其力。首先否定才能，不能造史，後又說其只會剽竊，無力自創，所能著書者，盡竊史遷賈逵劉歆之文，後因竇憲事受株連，由班昭馬續續成，似固無與焉。影響到後世，是「固之事業如此，後來史家，奔走班固之不暇，何能測其淺深？」最終說出「遷之於固，如龍之於豬」的一句惡言。似乎唯有鄭樵這麼說，才能洩出其義憤填胸之氣！

他還批評班固的父親班彪寫《續傳》，是最善學司馬遷者，可是班固卻不善學其父親，故鄭樵說「司馬談有書，而司馬遷能成父志。班彪有其業，而班固不能讀父之書」；〔註69〕鄭樵還擴大地說：「固為彪之子，既不能保其身，又不能傳其業，又不能教其子，為人如此，安在乎言為天下法？」〔註70〕所以後世學班固斷代為史的，都被鄭樵一併罵進去了。所謂「范曄、陳壽之徒繼踵，率皆輕薄無行，以速罪辜，安在乎筆削而為信史也」〔註71〕即是。

所以鄭樵開始論列斷代史的缺失，詳見前述「史評」第一小節歷史編纂學所舉述，茲處不復贅。然斷代為史，班固而後，歷代皆然，固有其存在之理。本文於此不具論之，只引出章學誠所述：

夫通古之史，所書事跡，多取簡編故實。非如當代記載，得於耳目聞見，虛實可以互參。而既為著作，自命專家，則列傳去取，必有別識心裁，成其家言；而不能盡類以收，同於排纂，亦其「勢」也。〔註72〕

這個「勢」就說對了。這個「勢」是史學發展的規律，《春秋》《左傳》的編年體，至司馬遷創通古體裁之《史記》，至班固復於紀傳體裁內再定為斷代，是客觀發展情勢所致，不是史遷或班固個人好惡所能改變或其意志可以決定的。按照劉知幾所言，斷代為史有「包舉一代，撰成一書，言皆精練，事甚該密。故學者尋討，易為甚功」，〔註73〕以後歷代相因，沿為定式，並非無理。

〔註68〕兩引皆見《通志略‧總序》，頁 1～2。

〔註69〕《通志略‧總序》，頁 1～2。

〔註70〕《通志略‧總序》，頁 1～2。

〔註71〕《通志略‧總序》，頁 1～2。

〔註72〕章學誠，葉瑛注，《文史通義‧亳州志人物表例議上》（北京：中華書局，1983），頁 801。

〔註73〕《史通通釋‧六家》，頁 22。

　　至於鄭樵惡評班固爲「豬」，已涉及人身攻擊，實有失學者風度，並不可取。吾人以爲批評應是善意的，目的是更好的，也就是向善向上的。但從上述來看，鄭樵對史學是熱情的，但其批評的方式與手段，可能太過急切了。難怪胡元瑞謂之「凡著述最忌成心，成心於胸中，則是非顚倒，雖丘山之鉅，目睫之近，有蔽不自知者。鄭漁仲平生不喜班固，固其論已過也」。這是鄭樵師心自用的成例。

　　對劉向劉歆在《通志·總序》中也批評：「劉氏作《七略》，收書不收圖，班固即其書爲〈藝文志〉。自此以還，圖譜日亡，書籍日亡，所以困後學而隳良材者，皆由於此」。他認爲茲事體大，他以爲：「天下之事，不務行而務說，不用圖譜可也；若欲成天下之事業，未有無圖譜而可行於世者。」〔註74〕又：「圖譜之學，學術之大者。」「以圖譜之學不傳，則實學盡化爲虛文矣。」〔註75〕他看待圖譜十分重要，故把圖譜提高到前所未有的程度。但從劉歆、向開始即未再收錄圖譜，故「歆向之罪，上通於天」。

　　以上可以看出鄭樵對孔子、馬遷、班固、向歆父子的批評。除此外，還可在其著述中看到他廣泛批評歷來學者，但並不具體指名道姓，針對個人。在《夾漈遺稿·寄方禮部書》中，他批判了歷代學者對於《春秋》《詩》的研究，有種種錯誤，他譏訕他們只抱書本，脫離實際學風，以及喜據己意以糾正前人錯誤之失。他說「仲尼編《詩》爲燕享祀之時用以歌，而非用以說義也」，「不幸腐儒之說起，齊、魯、韓、毛四家各爲序訓，而以說相高，漢朝又立學官，以義理相授，遂使聲歌之音，湮沒無聞」。〔註76〕原本可以歌唱的詩，卻只變成學問道理，在鄭樵的看法裏，無疑是十分可惜的事。〔註77〕他最後還擴大到六經上面，解除後儒加在六經之中的種種蒙障，進而說明只有研究實際事物，才能認識六經的眞諦。

　　至於鄭樵年輕時，切切有用世之志，眼見時局板蕩，一般士大夫似置身度外，他批評這干人「齷齪不圖遠略，無足與計者」〔註78〕而不願與之交游應酬，則與本節第一義不合，故不具論。

〔註74〕　《通志略·圖譜略·索象》，頁729。
〔註75〕　《通志略·圖譜略·原學》，頁729～730。
〔註76〕　《通志略·樂略序·樂府總序》，頁345。
〔註77〕　筆者曾在最近（2002、1、29）參加台南師範學院某退休教授公祭告別式中，當時任音樂教育系主任曾以《詩經·蓼莪》譜歌清唱，以告別往生者，令在座者包含筆者本人，十分動容。以此而言，信乎鄭樵所言不虛。
〔註78〕　《夾漈遺稿·與景韋兄投江給事書》，卷3，頁526～529。

伍、結論

由前文所述綜合可知，鄭樵以其會通史觀，審視其前之史學，發論批判，從而在史評方面的歷史編纂學、歷史敘述論、校讎目錄學上都取得過人的成就，形成不少新見解新主張；在事評方面，以其崇高實學之思想，從而批判古來欺天欺人的妖妄之學及當時義理辭章之學，其批評尙及於兩宋之間的政局，顯示其憂國憂時，皆是史學經世之意；至於人評方面，因所評人物皆與史書史事攸關，文中遂以會通之義及實學主張析述其人其事，似亦近得其旨。凡上三方面的批評論述，鄭樵建立了他的史學體系，並提升了整個中國傳統史學的高度，引導且規範了後世史學的發展。

後世學者舉朱熹爲例，朱熹頗與時人不同而欣賞鄭樵，在其《詩集傳》中他襲取鄭樵的方法和言論。但可能一因鄭樵資望不高，年代太近，或因鄭樵反對理學，故朱熹未便稱揚其大名，但受其影響則史有共睹。〔註79〕

章學誠亦受到鄭樵的影響，從《文史通義》有〈申鄭〉〈釋通〉〈說林〉〈答客問〉〈言公〉諸篇，看出他對鄭樵史學的推崇、發揚、批評乃至同情之意。《校讎通義》內篇一尙有〈補鄭〉〈校讎條理〉；內篇二〈補校漢藝文志〉〈鄭樵誤校漢志〉以及其他還有許多篇章都引用了鄭樵的學說。其實章學誠的《校讎通義》亦即延續鄭樵之〈校讎略〉而來。由此可悉，鄭氏史學精義均爲章學誠所承受並發揚光大之，故學誠可說是鄭樵的諍友兼功臣。

除章學誠外，元代馬貴與的《文獻通考》也有體例上吸取《通志》的成果。還有乾隆朝敕撰的《續通志》《皇朝通志》，從書名看即知受《通志》的影響，至於其體例與編纂法，亦莫不如此，僅子目略有增減而已。後人研究目錄學、校讎學等有關編纂方法學時，也都必需參研《通志》。迄今海峽兩岸研究鄭樵史學者，仍大有人在。

然而不容諱言，鄭樵及其《通志》也存在著一些缺點，歷來學者多有討伐之聲，即使受其影響甚多的章學誠也在〈申鄭〉篇說他「立論高遠，實不副名」，在〈與邵二雲論文書〉中認爲《通志》「例有餘而質不足以副」。連鄭樵主張最力的通史體裁，章學誠也說此種體裁還是有「無短長」「仍原題」「妄

〔註79〕顧頡剛，〈鄭樵傳〉，《北大國學季刊》1：1，頁331。朱子受鄭樵影響可從《朱子語類》卷80看出。另近有湯勤福，《朱熹的史學思想》（濟南：齊魯書社，2000）第七章第二節〈朱熹與鄭樵的史學思想比較〉有更詳細的分析。見頁276～283。

標目」三大缺點爲鄭樵所不知。〔註80〕不過，由於上述前文從史學批評角度切入，探討其史學主張，發現在會通之「神」與實學之「骨」的交互運作之下，亦展現其眼界高瞻，立論紮實之處。因此文末，筆者認同也願意借章學誠批評鄭樵及其史學的一句別具慧識的話來作結。氏云：

> 鄭氏《通志》，卓識名理，獨見別裁，古人不能任其先聲，後代不能出其規範；雖事實無殊舊錄，而辨名正物，諸子之意寓於史裁，終爲不朽之業矣！〔註81〕

〔註80〕《文史通義·釋通》，頁133。
〔註81〕《文史通義·釋通》，頁134。

「通古今之變」的史學傳統[*]

一、前　言

　　研究歷史主要有三大目標：求通、明變、評斷。評斷要基於求通、明變的礎石上，才能準確、客觀、精當、高瞻。三者互有關聯，關係密切。而求通、明變是治史要務，則是大家耳熟能詳之事，蓋史公司馬遷久揭「究天人之際，通古今之變，成一家之言」三句名言，不僅是史公想要達到這個目標，也引發後世史家都以上句金言，爲終身鵠的，永遠追求。即使不佞如筆者，雖知才薄無以致之，亦願如追夢一般，永不輕言放棄。

　　史公的「究天人之際，通古今之變」都藉其「一家之言」來落實與兌現。「究天人之際」的職責，在漢宣帝之後，已專由太史令職司其事，史官轉而僅負責言事的記載。[註1]然就史學發展而言，「通古今之變」反較「究天人之際」爲後世所相對看重，致而其意義更爲突出和重要。素來專擘史公「通古今之變」的學者，不乏其人，有成就者亦大有人在，[註2]不需在此重提。「通古今之變」既爲治史要務，後世史家又多奉爲圭臬，則其義雖由史公所創肇，傳衍迄今，已是一優良史學傳統。故而本文擬首先針對史公如何在《史記》之中，具體落實其「通古今之變」來加以析述，之後再就其影響與傳承，

---

[*]　本文原刊於《台灣師大歷史學報》34，（台北，2005.12）頁35～58. THCI core。
〔註1〕《史通通釋・史官建置》（上海：上海古籍出版社，1978）下冊，頁307。
〔註2〕阮芝生（資蛙），〈試論司馬遷所說的「通古今之變」〉，原載《沈剛伯先生八秩榮慶論文集》（台北：聯經出版事業公司，1976）；後又收於杜維運等編，《中國史學史論文選集》（台北：華世出版社，1979），頁185～223。即是名作之一，其他尚多，不細舉。

展衍與變化略加著墨。筆者以爲如此取徑（approach）或比單從史公上句名言本身更能驗證其古今之通達，自無必要只侷限在史公一人而已。因而本文題目並未冠加史公或司馬遷專屬的「通古今之變」，道理即在於此。以下先論史公，之後再循時代先後，略論其中具有代表性的史家，如之何一如史公落實其理念於其代表作之上。若能略加申明其中大意，則本文目的已達。由此，吾人也更能明瞭「通古今之變」的重要性之一斑。

二、司馬遷

〈報任安書〉上史公有說：「網羅天下放失舊聞，考之行事，稽其成敗興壞之理，凡百三十篇，亦欲以究天人之際，通古今之變，成一家之言」，其意即要透過撰述《史記》來對古往今來的歷史變化做一系統的總括，故其撰作，「述歷黃帝以來至太初而訖」，〔註3〕貫通古今；內容上則人事、天文、地理無所不包，展現橫通廣博的一面。方法上，則「原始察終，見盛觀衰，論考之行事」。〔註4〕而達到他對上古迄於漢武歷史變化的考察。

就「通古今之變」這句名言本身來說，「通」既有時間先後數千年縱面的貫通、也有橫切面上地理、天文、曆象、人事、國度上的交通、旁通。其古今交錯，縱橫經緯的史事發展，內含變與不變的分歧與爭論，不變者即爲長遠的傳承，變者卻是無時不刻的存在。兩者交構，歷史的錯綜複雜性與過去具體性，皆躍然紙上。歷史或社會變了什麼？怎麼變？往哪裏變？是否應該變還是不變？……都是可以探索進而了解的。

史公提出此句，即看到了歷史「變」的特質，歷史始終都處在變的過程之中。他說過：「天人之際，承敝通變」、「略協古今之變」、「臣弒君，子弒父，非一旦一夕之故也，其漸久矣」。〔註5〕又說：「物盛則衰，時極而轉，一質一文，終始之變也」。〔註6〕史公常用「變」、「漸」或「始終」來形容變化，這點李長之、阮芝生、許凌雲都已指出。〔註7〕「變」指事物的不斷進化和發展，「漸」指進化和發展的過程，「終始」指事物發展過程中因果之間的關係，涵

〔註3〕 《史記·太史公自序》（台北：鼎文書局，1986三版），頁3321。
〔註4〕 《史記·太史公自序》，頁3319。
〔註5〕 《史記·太史公自序》，頁3298。
〔註6〕 《史記·平準書》，頁1442。
〔註7〕 李長之，《司馬遷的人格與風格》（台北：開明書店，1976台九版），頁234～235；阮芝生，〈試論司馬遷所說的「通古今之變」〉，頁190；許凌雲，《司馬遷評傳》（南寧市：廣西教育出版社，1994），頁123。

意不盡相同，但總在說明事物在變。史公認爲歷史的變化總是由「漸」至「變」，舉秦爲例，秦由原西方偏遠小國，歷經（秦）襄公護衞（周）平王東遷，始封諸侯，文公營歧、雍，穆公修伯政，獻公雄諸侯，孝公變成法，凡百有餘年，逐漸變爲爭霸稱雄的強國，最後則在始皇時期統一六國，併吞天下。吾人參讀《史記‧秦本紀》或〈秦始皇本紀〉，即知此事乃長期發展變化的結果，是由「漸」到「變」的過程，有其始亦有其終。「通古今之變」即是要清楚歷史發展的「終始之變」，也就是弄清楚其因果關係，用史公的話即「稽其成敗興壞之理」，探尋歷史的發展及其規律性。史公認爲歷史發展有某種必然性，如〈平準書〉所言：「物盛而衰，固其變也」；也有某種規律性，如「承敝易變」或「承敝通變」即是，這些都是史公歷史變化觀的集中體現，也是《史記》之所以會「成一家之言」的重要保證。史公用百三十篇，526,500餘字，寫三千年史事，即欲由紛雜史事，尋出其發展規律，故他於書中展現三種方式：

（一）原始察終：即追原其始，察究其終，把握歷史演變的全部過程，找出其間的因果關係。即實質上對歷史現象的條件、背景、作用、影響、發展、變化等各種情況各種因素都予以全面的分析和考察，找出「因」到「果」之間的參照點，即找到邏輯的起點，以至於終點及過程中辯證的發展。簡單講，就是史家對歷史現象要予以解釋，卡爾（E.H. Carr, 1892～1982）就曾說：「研究歷史就是研究原因」，「歷史是要把過去的事件整頓成爲有先後次序的因果關係」。〔註8〕史公以書、表的形式，來概括他歷史的變化觀。其中特別是十表的序，最能表現。《史記》按不同情況立三種表：世表——年代不明而世系可稽者，如夏、商、周三代；年表——年序清楚的列之，如六國；月表——歷史變動巨大而月序又明白者，如秦楚之際。史公透過這三種表共十篇的創制，使數千年歷史的發展脈絡變得清晰容易掌握。如〈十二諸侯年表〉：

> 及至厲王，以惡聞其過，公卿懼誅而禍作，厲王遂奔於彘，亂自京師始，而共和行政焉。是後或力政，強乘弱，興師不請天子。然挾王室之義，以討伐爲會盟主，政由五伯，諸侯恣行，淫不軌，賊臣篡子滋起矣。齊、晉、秦、楚其在成周微甚，封或百里或五十里。晉阻三河，齊負東海，楚介江淮，秦因雍州之固，四海迭興，更爲伯主，文武所褒大封，皆威而服焉。〔註9〕

〔註8〕卡爾著，吳柱存譯，《歷史是什麼？》（北京：商務印書館，1981），頁92～94。
〔註9〕《史記‧十二諸侯年表》，頁509。

僅僅數言，即將周室衰微，諸侯擅政，四國更霸，其間（841～477B.C）凡 365 年間之政治形勢演變敘盡。又〈六國年表〉載 476～203B.C，凡 270 年間之事，欲觀秦併天下之跡，讀此表可盡其史事。接著〈秦楚之際月表〉載 209～201B.C 凡 8 年史事之重大變化者。史公皆藉此原始察終，歸因分析史事的發展變化。

（二）見盛觀衰：指事物發展到極盛時，要看到其衰象，並注意到歷史的轉變。史公寫史，高妙處即在於能於升平盛世之中，看到史事的核心本質，探查盛衰的關係。這個道理猶比福兮禍所倚，日中則昃的《易》理是相同的。史公述評孝武之盛，能「外攘夷狄，內興功業」但「盜賊寖多」的危機其實已內藏其中。〈平準書〉中先寫西漢繁榮盛景，如「漢興七十餘年之間，國家無事，非遇水旱之災，民則人給家足，都鄙廩庾皆滿，而府庫餘貨財。京師之錢累巨萬，貫朽而不可校，太倉之粟陳陳相因，充溢露積於外，至腐敗不可食。眾庶街巷有馬，阡陌之閒成群，而乘字牝者儐而不得聚會。守閭閻者食梁肉，爲吏者長子孫，居官者以爲姓號，故人人自愛而重犯法，先行義而後絀恥辱焉」〔註 10〕這樣一幅盛世圖象。然而，史公隨即筆鋒一轉，寫道：

> 當此之時，網疏而民富，役財驕溢，或至兼併豪黨之徒，以武斷於鄉曲。宗室有土公卿大夫以下，爭于奢，室廬輿服僭于上，無限度。
> 物盛而衰，固其變也。〔註 11〕

之後，又寫賣官鬻爵，官民爭利，則似是由盛轉衰之徵兆了。史公將歷史過程看成一個變動的，具有盛衰波動的過程，這是史公盛中觀衰的歷史價值，體現其「通變」的觀點。〔註 12〕

（三）承敝通變：指事物發展到一定階段時，必然產生弊端，此後則將發生變化，有一個歷史必變的思想。《史記》裏寫了不少變革，如湯武之變，他寫：「湯武承敝易變，使民不倦，各競所以爲治，而稍陵遲衰微」即說商湯、周武承前朝弊政之後，有所改易，使百姓不致疲弊困乏，各自小心謹慎致力於自己所從事的事業，而與禹時相比，已稍有緩慢衰落之象了。其他尚有管仲改革，李悝、吳起、商鞅變法，都是承敝易變，因敝而變。史公寫秦漢之際，在〈高祖本紀〉的論贊中說：

〔註 10〕《史記·平準書》，頁 1420。
〔註 11〕《史記·平準書》，頁 1420。
〔註 12〕王銀春，《人類重要史學命題》（武漢：湖北教育出版社，2000），頁 14。

周秦之間，可謂文敝矣。秦政不改，反酷刑法，豈不繆乎？故漢興，

承敝易變，使人不倦，得天統矣。〔註13〕

秦始皇之前已經「久敝」了，始皇當政，未能去弊從善，順應潮流採取變革措施，反而「反酷刑法」，結果「過而不變，二世受之，因而不改，暴虐以重禍。子嬰孤立無親，危弱無輔，三主惑而終身不悟。亡，不亦宜乎？」

　　物盛則衰是歷史變化的規律，見盛觀衰，正視衰敝，且承敝通變，則能起衰振弊，長治久安。史公述三代之變、秦漢之變等等，都是「通古今之變」發展的成果，古往今來的歷史都存在著盛衰終始之變。「敝」是歷史前提，有「敝」則「變」，變則通，而得天統矣。

　　以上三方面即史公「通古今之變」的要則與門道，由之則可通達古今之變，用之於指導現實，則可具有巨大的現實功用。史公通貫了三千年史事的變化，歷史發展的原則他得出使民不倦，以禮義防于利才是最重要的結論，此項看法是史公觀察到周衰以後，禮樂崩壞，孔子出而刪六藝作《春秋》，欲以撥亂反正。然孔子之道不行，歷經戰國以迄於秦漢，皆蔑禮尚法以爭利，漢初因秦不改，至於武帝，漢興且近百年，本當接三代統業，觀三代損益而重新制作一代之大法，然武帝名爲興禮重儒，其實卻專飾鐘鼓玉帛以欺世，其嚴刑嗜利反甚於漢初四世，而古代禮樂自此遂不復可見。史公痛武帝失去此一千載良機，以多欲心敗壞前代休養生息之社會生機，深懼蹈秦覆轍，不知通變。故撰《太史公書》百卅篇，從通古今之變中欲達致治之原，最後則寄望於後人，「藏之名山，副在京師，俟後世聖人君子」。要之，其通古今之變亦在歸本《春秋》，行仁義而已。史公其言，「明爲百王大法」，其實「非一代良史而已」。〔註14〕通古今之變的現實意義，旨在斯哉。

三、劉知幾

　　劉知幾（字子玄，661～721）著作《史通》，在〈自敘〉篇陳述其書受到《論衡》、《風俗通》、《人物志》、《文心雕龍》、《法言》、《典語》的影響，這些書無一不在治學精神上從「通」字上下工夫。〔註15〕劉知幾受到影響，除

〔註13〕《史記·高祖本紀》，頁394。
〔註14〕包世臣所言，引自阮芝生，〈試論司馬遷所說的「通古今之變」〉，頁217。
〔註15〕《史通通釋·自敘》，頁291。

著作《史通》內容講究「通」外，甚至連書名也取「通」，可見劉氏之重「通」。
〔註 16〕

　　《史通》之所以成書，是因當時的史官著述，義例不純，所以才要「辨其指歸，殫其體統」辨清編寫史書的宗旨，並窮盡其體裁綱統。而且「其書雖以史爲主，而餘波所及，上窮王道，下掞人倫，總括萬殊，包吞千有」。〔註 17〕如果《史通》僅就當時史官不明史學之體統與指歸，只寫出涉及史書編纂方法理論典則的《史通》，則立論似並不宏大；然而尚有「餘波所及」，還要去「上窮王道，下掞人倫」，無疑使得該書格局放大許多。從「上窮王道，下掞人倫」的「王道／人倫」，劉知幾是以「上／下」來聯繫貫通的，上下之間，即是王道人倫的關係，也就是天道與人事之間的關係，這是古來史家往往最關切的命題之一。史公提出「究天人之際，通古今之變，成一家之言」名言，其實也是「天／人」、「古／今」的上下關係，這點劉知幾可能也受到某種程度的啓發。何以言之？劉知幾在《史通》的〈六家〉、〈二體〉寫到《史記》之處，都由《史記》之「通」字上著跟來推許史公的。

　　連史公著述《史記》是歸本於《春秋》（詳上文），劉知幾撰《史通》亦追源於《春秋》，他自認可以「出手眼釐定群史，志擬《春秋》」，〔註 18〕他甚至引孔子所說知我、罪我皆《春秋》之語而自比其書，大有「知我者《史通》，罪我者《史通》」之慨。上追《春秋》，是古來史家的共同願望，不僅史公、劉公如此，後來的歐陽修、章學誠亦莫不如此。只是本文茲處特別強調劉知幾史學歸源《春秋》，若干程度上係受史公所啓引的。

　　史公成《史記》，綜述數千年史事而自成一家之言，在劉知幾官修史館制度之下變成一種不可能實現的願望，他原本是要刪定史公以下的史書，上繼孔子成不刊之典的，來達成其所要求之「通」──通識的。但在美志不能得遂之下，不得不退而只寫《史通》，從一代國典改而侷限在對古今史書的評論之上。在方式上，他採取了與史公不同的路線；但在追求會通人類歷史的目的上，兩人則沒有不同。總之，劉知幾繼承前人的優良傳統並發揚光大之。

〔註 16〕　《史通‧原序》：「昔漢世諸儒，集論經傳，定之於白虎閣，因名曰《白虎通》。予既在史館而成此書，故便以《史通》爲目。且漢求司馬遷後，封爲史通子，是知史之稱通，其來自久。博採眾議，爰定茲名。」
〔註 17〕　《史通通釋‧自敘》，頁 291～292。
〔註 18〕　《史通釋評‧自敘》（台北：華世出版社，1981），頁 334～335。此處用浦起龍按語。

反映在《史通》裏，其史學思想的最基本點，就是以錯綜經緯、貫通古今的「通識」觀點，去分析以往史家史書的得失利弊與真偽，以「辨其指歸，殫其體統」，並且內容所波及影響到範圍，往上窮盡王道，往下展述人倫，總括包容萬千不同的各種社會現象，真是橫通縱通都包含在內了。《史通》的學術氣象不僅確立，亦且鑄就其一家獨斷之言了。

更具體來說，劉知幾繼承了史公通古今之變的思想和方法，其《史通》49 篇內容幾乎無一例外地貫穿通古今之變的思想，運用「原始察終」敘述事物的始終，大至討論整個史學發展的面貌，小至辨章一種史書體例。以首篇〈六家〉而論，他把唐代以前的史書體例作一總結並視為一個不斷發展變化的過程，從「古往今來，質文遞變，諸史之作，不恒厥體」歸納為六個流派，並針對此六個流派分別敘述其始、終的過程，最後作出結論：「朴散淳銷，時移世異，《尚書》等四家，其體久廢，所可祖述者，唯《左氏》及《漢書》二家而已」。他用縱向的歷史方法，于考鏡源流中辨別史書的體裁。

《史通》外篇有〈史官建置〉和〈古今正史〉兩專篇，有系統地考察了自古迄唐的史官、史館兩種制度的沿革廢置，也有系統地敘述了歷代編年、紀傳兩種體裁史書的編纂過程和因緣關係。還有一篇〈雜述〉專門敘述十種史流雜著。〈史官建置〉可以說是一部簡約有統的修史制度史；〈古今正史〉述正史的演變，也可說是一部簡略的史學學術史。〈雜述〉則分析偏記、小錄、逸事、瑣言、郡書、家史、別傳、雜記、地理書、都邑簿十種，一一析其特點、價值、流別及演變，此三篇都相當扼要地勾畫出中國古代史學發展的線索，從古敘至皇朝當今。也就是此三篇亦是「通古今之變」「原始察終」的運用佳例，尤其從古一直敘述到劉知幾寫《史通》的「今上」（中宗），更與史公從黃帝敘至孝武今上是同一手法，劉知幾受史公影響的痕跡是可以明確感受到的。

《史通》在〈本紀〉、〈世家〉、〈列傳〉、〈表曆〉、〈書志〉諸篇有關紀傳體史書五體的評論，也都能從歷史的敘述中，判斷其體例的性質與得失，如〈表曆〉篇首述表之起源及格式，繼而考評史公之表、班固之表及魏晉南北朝之表，並評論《漢書・古今人表》之失。再如〈論贊〉篇，從「《春秋左氏傳》每有發論，假君子以稱之，《史記》云太史公，既而班固曰贊，荀悅曰論，《東觀》曰序，謝承曰詮，陳壽曰評，王隱曰議，何法盛曰述，揚雄曰譔，劉昺曰奏，袁宏、裴子野自顯姓名，皇甫謐、葛洪列其所號，史官所撰，通

稱史臣。其名不殊，其義一揆。必取便於時者，則總歸論贊」。〔註19〕亦是由古至近的縱深方法。至如〈序例〉、〈題目〉、〈斷限〉、〈編次〉、〈載文〉以迄〈辨職〉第三十五等等都是採用這種方法。劉知幾都以各個領域各個專題從古至今的發展演變論述起，再加以分析、評論，故其史論都有歷史表述的特性，其長處正是通變方法的具體體現。

劉知幾以「原始察終」的觀點和方法來考察歷史或史學，例子極多，茲舉一、二例以概括之，以證所言無虛。如〈忤時〉篇：「凡此諸家，其流蓋廣。莫不贖彼泉藪，尋其枝葉，原始要終，備知之矣。」〈疑古〉篇有云：「至於遠古則不然。夫其所錄也，略舉綱維，務存褒諱，尋其終始，隱沒者多」；〈惑經〉篇亦云：「考茲眾美，徵其本源，良由達者相承，儒教傳授，既欲神其事，故談過其實。」等等，可見劉知幾熟用此法，並把史學發展史看作是一個有終始的演變過程，由古迄今（指唐朝當代）。當然，這個「終始」的過程，如同前面所述，其中已寓有「變」的觀點，則無需在此重述了。

四、杜 佑

杜佑（字君卿，734～812），京兆萬年（今陝西長安縣）人。出身望族，青年時代以門蔭入仕，歷任京官、外官，做到嶺南、淮南節度使，德宗、順宗、憲宗三朝宰相，多年掌管財政。是唐代中葉的重要政治家、理財家和史學家。

他目睹開元、天寶盛世，親歷安史之亂。他數十年間的仕途生涯，正是唐朝由盛轉衰的關鍵時期。他從縣丞做到宰相，熟悉政治上的得失，尤其長期判度支，掌管錢穀鹽鐵，了解財政上的利弊，其豐富的政治閱歷，對著作《通典》一書大有助益。他「性嗜學，該涉古今，以富國安人之術為己任」，〔註20〕每思對現實政治有所變革。唐憲宗說他「博聞強學，知歷代沿革之要」，〔註21〕由於他「不好章句之學」〔註22〕、「知歷代沿革之要」、「以富國安人之術為己任」，因而《通典》即是在經邦致用的思想指導下，總結歷代典章制度沿革的研究，企圖挽救中晚唐的危機而編纂的，杜佑擬透過典制史的「通古今之變」，為晚唐之世開出的治世良方，此即其著述宗旨。

〔註19〕《史通通釋·論贊》，頁81。
〔註20〕《舊唐書·杜佑傳》（台北：鼎文書局，1979），頁3982。
〔註21〕《舊唐書·本傳》，頁3981。
〔註22〕《通典·自序》（北京：中華書局，1988）卷一，頁1。

　　杜佑其書前承劉知幾之子劉秩所著《政典》的啓發,「尋味厥旨,以爲條目未盡,因而廣之,加以開元禮樂書,成二百卷,號曰《通典》」。〔註23〕《通典》的編纂,大致在代宗大曆年間,杜佑做淮南節度使從事時,即已著手編纂,至德宗貞元 17 年,任淮南節度使時,才大功告成,獻給朝廷。他在〈進《通典》表〉中說:「自頃纂修,年涉三紀。」其著作年限大致在 766～801,前後歷時 36 年,正符合其所謂「三紀」之久,可見他爲編纂此書,耗費了近半生的心力。

　　《通典》全書共 200 卷,上起黃帝,下至唐玄宗天寶末年的歷代典制沿革,肅、代宗以後的變革則多以夾注補入。全書分爲九典,爲食貨、選舉、職官、禮、樂、兵、刑、州郡、邊防。每典又分若干門。此九典的安排次序,反映其史識觀點。其以〈食貨〉、〈選舉〉、〈職官〉置於前述,乃杜氏以爲國家經濟措施、選舉制度、政府機構三者至關重要;禮樂是維護統治的軟手段,兵、刑是維護統治的硬手段,不可或缺,所以居於中;而全國的行政劃分及四方鄰國,又皆關係國家的穩定和安全,所以州郡、邊防殿於後。他以此九個門類結合成一個完整體系,而把食貨、選舉放在首要位置,一般皆以爲是其卓識的顯現。杜佑在這九個門類當中,對每一制度的敘述都採貫通古今之法,明其沿革廢置,按時代順序排列資料,既擇要著錄有關制度的大事記、奏疏、詔、制等,又引錄前人有關的評論,並提出自己的見解與主張。這種寫法,是對正史「書志」的發展,紀傳體正史的志,本有其局限性:「苟不追敘前代,則原委不明;追敘太多,則繁複取厭。況各史非皆有志,有志之史,其篇目亦互相出入,遇有闕遺,見斯滯矣,於是乎有統括史志之必要」。〔註24〕《通典》的出現,便彌補了史志的局限當代、原委不明的缺點。是書能讓讀者看清典章制度的來龍去脈、歷代沿革。〔註25〕至於書中記述唐代制度,則多係作者親見耳聞,尤爲詳盡,價值更高。

　　杜佑取材歷代正史書志,但都經過其本人嚴格甄選,大致與政治直接關係不大的〈五行〉、〈釋老〉,都摒而不錄,由之可見其編纂用心。且其記載典章制度,每每援引前人具有參考價值之言論,分標之「說曰」、「議曰」、「評曰」。其中的分別,杜佑自己有說明:「凡義有經典文字其理深奧者,則於其

〔註23〕《舊唐書‧杜佑本傳》,頁 3982。
〔註24〕梁啓超,《中國歷史研究法》(台北:里仁書局,1984),頁 65。
〔註25〕王文錦,《通典‧點校前言》(北京:中華書局,1988),頁 2～3。

後說之以發明，皆云『說曰』；凡義有先儒各執其理，並有通據而未明者，則議之，皆云『議曰』；凡先儒各執其義，所引據理有優劣者，則評之，皆云『評曰』。他皆同此。」〔註26〕這些序、說、議、評，都是杜佑的重要見解，今日已成探討杜佑思想的重要史料了。

杜佑《通典》的編渺勒成，意義重大，它是史學史上第一部典章制度史的出現，意味著編年、紀傳二體之外，又創立了一種新的史體——典制體或政書體。他第一次系統地對歷代典章制度進行整理，探本求源，開闢了歷史研究的新領域。影響了鄭樵《通志廿略》及馬貴與《文獻通考》的問世，甚至更淩有「十通」的出現，形成典制史一系列的叢書，在中國史學發展史上留下重要的影響。〔註27〕當然，本文所要強調的還是杜佑的經邦治國思想，是歷代上起軒轅，下迄當朝肅、代的典制沿革，通論各代，兼顧九類，興革廢置而得。易言之，即杜佑乃由典制史的方面去「通古今之變」而獲取成果的。

五、司馬光

司馬光（字君實，1019～1086）和其重要助手劉恕（1032～1078）、劉攽（1023～1089）、范祖禹（1041～1098）等人根據大量的史料，花了 19 年的時間，始將戰國迄於五代（403B.C.～A.D.959）這段錯綜複雜的歷史編寫成年經事緯的巨著。是書本名《通志》，神宗皇帝以其書鑑於往事，述歷代君臣事蹟，有資於治道，賜名《資治通鑑》，且為序其造端立意之由。〔註28〕是書之成標幟著北宋史學的最高成就，後人因之取與司馬遷相提並論，稱之為史界「兩司馬」。

溫公撰《資治通鑑》（以下簡稱《通鑑》）的旨意，在其上《通鑑》表文中有說：「每患遷、固以來，文字繁多，自布衣之士，讀之不徧，況於人主，日有萬機，何暇周覽！臣常不自揆，欲刪削冗長，舉撮機要，專取國家盛衰，繫生民休戚，善可為法，惡可為戒者，為編年一書，使先後有論，精粗不雜，私家力薄，無由可成」可見其編纂目的，即在提供帝王周覽，從中鑑戒得失。其用心也為英宗皇帝賞識。神宗則在〈御製資治通鑑序〉中回應：

〔註26〕《通典》卷 42，頁 1167。
〔註27〕王文錦以為《通典》受到當時和後世的重視，大致可以歸結為六點：宗旨明確、體系完整、體裁更新、議論切實、資料豐富、編排得當。見〈點校前言〉，頁 5。
〔註28〕御製，〈資治通鑑序〉，收入《資治通鑑》（台北：華世出版社，1987）第一冊，頁 33～34。

> 其所載明君、良臣，切靡治道，議論之精語，德刑之善制，天人相
> 與之際，休咎庶證之原，威福盛衰之本，規模利害之效，良將之方
> 略，循吏之條教，斷之以邪正，要之於治忽，辭令淵厚之體，箴諫
> 深切之義，良謂備焉。凡十六代，勒成二百九十四卷，列于戶牖之
> 間而盡古今之統，博而得其要，簡而周于事，是亦典刑之總會，冊
> 牘之淵林矣。〔註29〕

可謂讚賞之至。《通鑑》採編年述史，年經事緯，由周威烈王敘至五代，為
中國史學史上第一部編年體裁通史。在《通鑑》之前，只有《史記》為紀傳
體通史及本文前節杜佑之典制史通史體裁的《通典》而已。至於編年體，自
東漢獻帝時荀悅奉敕撰《漢紀》，創編年體斷代史以後，漢唐之間皆斷代為
書。唯北宋年間《通鑑》採編年體，敘 1362 年史事，是第一部貫通古今的
通史，則不能不說是史學史上盛事一樁，的確改變了編年體斷代為書的局
面。是書既能使讀者對歷史發展的梗概一目了然，又能避免枯燥乏味的流水
帳簿之弊。每逢重大歷史事件，必然交待前因後果，並扼要敘述制度沿革，
幫助讀者了解歷史進程。顯然，司馬光繼承了《左傳》的優良傳統，且有所
發展。〔註30〕此後，南宋鄭樵的《通志》，元初馬端臨撰《文獻通考》，均為
史學上的鴻篇巨制，在不同體裁上，受《通鑑》啟示又促進了通史體裁的勃
興。

　　《通鑑》的編纂，集私撰、官修之長，既發揮了集體修書的優越性，又
克服了設館修史的弊端，是古代集體撰史的典範，至今仍有學習效法的意義。
唯溫公在《通鑑》之中把史學資治、借鑑的意義，發揮至大，他作《通鑑》
是為了「鑒前世之興衰，考當今之得失，嘉善矜惡，取是捨非，足以懋稽古
之盛德，躋無前之至治」。〔註31〕他從興衰、得失、善惡、是非等方面來總結
歷史經驗，取得甚大的成就。他在「止欲敘國家之興衰，著生民之休戚」這
一總目標的指導之下，從1362年長遠的史事之中，專詳治亂興衰，著重敘述
歷代重大事件的發生和發展，記載歷代戰爭的謀略和經過。對於一些能夠左
右時局的重要人物的事蹟和言論，對於關係到國計民生的政治和經濟制度的
改革，禮樂兵刑的演化，各種族之間的往來以及社會風氣的變遷、丁口的增

〔註29〕《資治通鑑・御製資治通鑑序》，頁33。
〔註30〕許凌雲，《怎樣讀史書》（台北：學海出版社，1990），頁59～60。
〔註31〕司馬光，〈進《資治通鑑》表〉，《司馬文正公傳家集》卷17。

減、典籍的聚散、歷法的改革、水利的興修等等，也都有所記載。〔註32〕可
見溫公著書雖有其明確的目的，但都必須透過各方面的「通古今之變」來達
成的。

六、鄭　樵

　　鄭樵（字漁仲，1104～1162）是一名布衣史家，一生獻身讀書著述，矢
志不渝。三十五歲（1138），開始想寫一部繼《史記》而後貫通古今的通史，
〔註33〕至47歲（1150）他上書宰相秦檜之後，即開始撰述，迄紹興31年（1161）
終於完成《通志》一書，凡200卷，其書從準備到完成約費時10年左右，
是鄭樵最重要的著作之一。雖鄭樵一生總共撰有80餘種著作，但今存者唯
《通志》、《爾雅鄭注》、《夾漈遺稿》、《詩辨妄》數種以及若干零散斷篇遺文
而已，〔註34〕因而吾人今欲研究鄭樵一生有關史學的貢獻，必須從其《通志》
下手分析，〔註35〕方較當理。

　　鄭樵在《通志·總序》的開頭便說：「百川異趨，必會於海，然後九州無
浸淫之患；萬國殊途，必通於諸夏，然後八荒無壅滯之憂，會通之義大矣哉！」
可見「會通」是《通志》一書的總主旨，也是他的開宗要明的「義」，亦即其
「史義」。他又說：

> 自書契以来，立言雖多，惟仲尼以天縱之聖，故總詩書禮樂而會於
> 一手，然後能同天下之文；貫二帝三王而通為一家，然後能極古今
> 之變。是以其道光明百世之上，百世之下不能及。〔註36〕

〔註32〕參張家璠等主編，《中國史學史簡明教程》（桂林：廣西師大出版社，1992），
　　　　頁194～195。

〔註33〕可參拙撰，《史學三書新詮》（台北：台灣學生書局，1997年）第一章〈「三書」
　　　　作者的生平與其著作之關係比較〉，有較詳細之引證。

〔註34〕鄭樵一生著作不斷，據大陸廈門大學歷史系的調查統計，多達84種。但除
　　　　少數保留下來以外，大部分的著作，如《書考》、《春秋考》、《謚法》、《石
　　　　鼓文考》、《百川源委圖》、《分野記》、《詩名物志》、《食鑒》、《群書會記》、
　　　　《校讎略論》、《書目正訛》、《圖書志》、《氏族源》、《集古系時錄》、《集古
　　　　系地錄》等等，均已亡佚。上皆在〈上宰相書〉所錄。並可參：廈門大學
　　　　歷史系鄭樵研究小組，〈鄭樵史學初探〉，《中國史學史論集》第二冊，頁
　　　　319。

〔註35〕鄭樵原欲寫《通史》後改名為《通志》，見《夾漈遺稿·寄方禮部書》，頁519。
　　　　司馬光原欲寫《通志》，後皇帝賜名《資治通鑑》。

〔註36〕《通志略·總序》（台北：里仁書局，1982），頁1。

此處所謂「會」是指「總詩書禮樂，會於一手」，「會《詩》、《書》、《左傳》、《國語》、《世本》、《戰國策》、《楚漢春秋》之言」；〔註37〕所謂「通」，是指「貫二帝二王通為一家」，「通黃帝、堯舜至秦漢之世」，〔註38〕所以「會通」的實際涵義不脫離是指歷史資料的彙輯、綜合和依據年代先後次序加以排比貫通。但鄭樵意旨所在，還不止於歷史資料的問題，他說：「天下之理，不可不會；古今之道，不可以不通，會通之義大矣哉！」〔註39〕可見「會通」更大的意義在於「會理通道」以求得「古今之變」。也就是說要求會通天下之「理」和「道」，以探求歷史的演變及其原因。〔註40〕他在〈上宰相書〉中還談到：

> 仲尼之為書也，凡典、謨、訓、誥、誓、命之書，散在天下。仲尼
> 會其書而為一，舉而推之，上通於堯舜，旁通於秦魯，使天下無逸
> 書，世代無絕緒，然後為成書。〔註41〕

可知其「會通」即淵源於孔子修撰《春秋》刪定《尚書》。不僅止於孔子，其「會通」史觀與司馬遷的「通古今之變」也有直接關係，他曾說：

> 水不會於海，則為濫水；途不通於夏，則為窮途。論會通之義，以
> 為宋中興之後，不可無修書之文，修書之本，不可不據仲尼、司馬
> 遷會通之法。〔註42〕

再次可見「會通」是鄭樵修書的指導思想，是其修史的第一原則。鄭樵以「貫通古今」為目標，以「相因依」之義互相聯繫來看待整個歷史，時間上指的是從古到今的整個歷史發展，空間上指的是整個社會的發展史。此觀念落實到實踐層次時，即綜合古代各種書籍而修成包羅萬象的著作，「集天下之書為一書」了。鄭樵的學術氣象因而變成宏大可觀。

　　既然鄭樵撰就《通志》在於「會通」的一貫原則，也就是要歷史有縱向（貫通）和橫向（旁通）的聯繫，最後「會通」天下之書，達到司馬遷所謂

〔註37〕《通志略・總序》，頁1。

〔註38〕《通志略・總序》，頁1。

〔註39〕《夾漈遺稿・上宰相書》（台北：商務印書館，景印文淵閣四庫全書本，1983重刊），頁521上。

〔註40〕婁曾泉，〈鄭樵〉，《中國史學家評傳》（河南：中州古籍出版社，1985）中冊，頁546。婁氏以為鄭氏會通之觀點，不能僅理解為史事的綜合會纂，年代的順序貫通，還必須以儒家的觀點，解釋歷史發展及其因革變化的原因。

〔註41〕《夾漈遺稿・上宰相書》，頁521上。另可參吳懷祺，《鄭樵文集附鄭樵年譜稿》（北京：書目文獻出版社，1992），頁37。

〔註42〕《夾漈遺稿・宰相書》，頁521上。

的「通古今之變」及其所說的「極古今之變」。那麼，他要「周知遠近，洞察古今」則自然是他修史的原則，他寫《通志》也就是如此撰就的，他主張修通史來反映歷史的流變和全貌。也因為如此，他對古來《春秋》、《史記》的撰述傳統，斷送在東漢班固寫《漢書》之後，感到非常痛心。因此從「會通」史觀出發，他對班固其人其書有不少批評，他說過：「自《春秋》之後，惟《史記》擅制作之規模，不幸班固非其人，遂失會通之旨。司馬氏之門戶，自此衰矣」；〔註43〕又云：「自班固以斷代為史，無復相因之義，雖有仲尼之聖，亦莫知其損益。會通之道，自此失矣」。〔註44〕

除此之外，鄭樵還說：「班固謂漢紹堯運，是無稽之談，且由其斷漢為書，是致周秦不相因，古今成間隔」。〔註45〕使人無從了解整個歷史發展的脈絡，也看不出前後因果的關聯，所以鄭樵透過批判斷代缺陷，突顯斷代為史失去前後銜接會通之義，以致繁複迭出，他以為傷風敗義，莫甚於此。〔註46〕所以他立意著作通史，欲恢復古有傳統，以矯正《漢書》斷代無復相因之失。是知他的會通思想使他成就了其通史鉅作《通志》，也就是說，會通思想的落實，是由《通志》來貫徹與兌現。後於鄭樵六百多年的章學誠，為此而言：

> 鄭樵生千載之後，慨然有見於古人著述之源，而知作者之旨，不徒以詞采為文，考據為學也。於是遂欲匡正史遷，益以博雅，貶損班固，譏其因襲，而獨取三千年來遺文故冊，運以別識心裁，蓋承通史家風，而自為經緯，成一家之言者。〔註47〕

章學誠極力推崇《通志》，謂之為「別識心裁，成一家之言」。其別識心裁，在於班固《漢書》而後，斷代相沿成例，獨鄭樵「絕識曠論，所以斟酌群言，為史學要刪」，〔註48〕繼承馬遷之後成就《通志》，為現存中國史學史上第二

〔註43〕《通志略・總序》，頁1。並參藤井清〈鄭樵の史學思想〉，《史學研究》第六集（廣島：廣島史學研究會，1951），頁73～76。內藤湖南，《支那史學史》（東京：弘文堂，1949）第九章第七節〈鄭樵〉，頁186～192。

〔註44〕《通志略・總序》，頁2。

〔註45〕《通志略・總序》，頁1。

〔註46〕《通志略・總序》，頁2有云：「自班固以斷伐為史，無復相因之義……傷風敗義，莫大乎此。」，另可見陳光崇，《中國史學史論叢》（瀋陽：遼寧人民出版社，1984），頁248。

〔註47〕《文史通義・申鄭》（台北：華世出版社，1980），頁136。

〔註48〕《文史通義・申鄭》，頁136～137。

部通古型紀傳體裁之史書。〔註49〕劉知幾以爲史記家「其體久廢」，〔註50〕而鄭氏獨力撰之，章學誠以爲「鄭氏所振在鴻綱，而末學吹求，則在小節。……自遷固而後，史家既無別識心裁，所求者徒在其事其文，惟鄭樵稍有志乎求義」。〔註51〕又云：「《通志》精要，在乎義例，蓋一家之言，諸子之學識，而寓於諸史之規矩，原不以考據見長也，後人議其疏陋，非也」。〔註52〕雖然《通志》有缺陷，但大體則是可以肯定的。

章學誠本身亦主通史說，這是他支持鄭樵的主要原因之一。但其主張，則非本節所欲陳述者。唯章學誠在讚揚鄭樵「慨然有見於古人著述之源」並「知作者之旨」，〔註53〕故「運以別識心裁，承通史家風」成就其一家之言的同時，他進一步歸納，指出通史有「六便二長三弊」的優缺點。優點是「免重複、均類例、便銓配、平是非、去牴牾、詳鄰事」六便及「具剪裁、立家法」二長，〔註54〕缺點則是「無短長、仍原題、忘標目」。〔註55〕後面這三弊則是一味主張通史的鄭樵所未審悉的，值得在此提起。

鄭樵的《通志》無可避免的仍然存在若干的缺失，詳請參閱拙稿《史學三書新詮》，於茲不贅。〔註56〕然就《通志》的義理宏構、別識心裁的意義而言，其瑕疵反是微不足道的。

最後，本論要強調鄭樵運用其「會通」史觀，「會天下之書而修」，「集天下之書爲一書」，以《通志》完成其偉大的宿願，尤其其中〈二十略〉對歷代禮樂制度、文字源流、天文地理、昆蟲草木都能考源辨流，辨妄糾繆，訂正異同，稽古鉤沈，做到會於一手，通於一家，確實值得推崇。吾人後學，果欲成一家之言、獨斷之學，恐捨「會通」之外無可成就之書，則不能不明乎此理。

〔註49〕 梁朝吳均（469～520）曾受敕撰有《通史》，亦通史型紀傳體之著作，唯已佚，故謂之。

〔註50〕 《史通通釋·六家》（上海：上海古籍出版社，1978），頁 23。

〔註51〕 《文史通義·申鄭》，頁 136～137。

〔註52〕 《文史通義·釋通》，頁 131 自注。

〔註53〕 《文史通義·申鄭》，頁 137。

〔註54〕 《文史通義·釋通》，頁 133。

〔註55〕 《文史通義·申鄭》，頁 137。

〔註56〕 拙稿，《史學三書新詮——以史學理論爲中心的比較研究》，第五章第三節「缺失論」內有較詳陳析，頁 379～387 及頁 162。

七、章學誠

　　章學誠（字實齋，1738～1801）的史學思想，都薈萃於其《文史通義》之中，此書縱論文史，品評古今學術。既是史學評論的專著，又是文學批評的傑作，然其中心論點則恐仍在論史。〔註 57〕由於其史學內涵，堪稱閎富。茲處因分內在外在兩條理路試析之。就外在理路而言，學誠承受遠代史書如《漢書・藝文志》、鄭樵《通志略》的影響，近受乾嘉時代學風所左右，〔註 58〕但他跳出當時學術風氣的藩籬，提出「明道經世」的概念。反對當時漢學「徵實太多，發揮太少，有如桑蠶食葉而不能抽絲」，〔註 59〕以及宋學的「外輕經濟事功，內輕學問文章」「守陋自是，枵腹空談性天」、〔註 60〕「惟騰空言而不切於人事」。〔註 61〕他以爲兩者皆不足取，都不懂史學。他認爲：

> 史學所以經世，固非空言著述也。且如六經同出於孔子，先儒以爲其功莫大於《春秋》，正以切合當時人事耳。後之言著述者，舍今而求古，舍人事而言性天，則吾不得而知之矣。學者不知斯義，不足言史學也。〔註 62〕

此即從「明道經世」的觀點來批評當時盛行的不良學風。因爲務考索的漢學家博古而不知今；騰空言的宋學家言性天而不切於人事，達不到史學經世的目的。史學即失去存在的價值，失去生命力。章學誠處在當時這種學風，因其弊而救其偏，欲使學風「歸之中正」，其用心良苦。他獨樹一幟，別開生面，用其畢生力作《文史通義》來繩治之。

　　從內在理路來說，其由《文史通義》表現出來的史學思想，亦著一「通」字。他說：「古人所欲通者，道也。……窮畢生之學問，思辨於一定之道，而上通千古同道之人以爲之藉，下俟千古同道之人以爲之輔。」〔註 63〕說明治

〔註 57〕 許凌雲，《讀史入門》（北京：北京出版社，1989 修訂本），頁 315。
〔註 58〕 錢穆，《中國史學名著》（台北：三民書局，1973），頁 312～313。錢氏從學術史宏觀的角度，肯定章氏因受清廷編修《四庫全書》而注意分類編目之事，轉而注意到鄭樵〈校讎略〉與《漢書・藝文志》，然後才有「六經皆史」一語。至於實齋自述其學源自「浙東學派」，直從陽明而來，則錢先生以爲不值得我們認眞的，可謂係錢氏獨到見解，值得後學深深品味。
〔註 59〕 《文史通義》外篇三〈與汪龍莊書〉，頁 328。
〔註 60〕 《文史通義》外篇三〈家書五〉，頁 368。
〔註 61〕 《文史通義・浙東學術》，頁 53。
〔註 62〕 《文史通義・浙東學術》，頁 53。
〔註 63〕 《文史通義・言公中》，頁 109。

史的根本目的在通「道」，也就是「史以明道」的觀點。關於此點，章學誠曾以哲學的論證加以說明，他提出「道器合一」論，認爲道與器的關係是「道不離器，猶影不離形」。有云：

> 《易》曰：「形而上者謂之道，形而下者謂之器。」道不離器，猶影不離形。後世服夫子之教者自《六經》，以謂《六經》載道之書也，而不知《六經》皆器也。〔註64〕

又云：

> 儒家者流，守其六籍，以爲是特載道之書耳。夫天下豈有離器而言道，離形存影者哉？彼舍天下事物，人倫日用，而守六籍以言道，則固不可與夫言道矣。〔註65〕

所提「六經皆器」的說法，一別於後世學者所誤以爲的「六經即道」。學誠之所以提出「道器合一」的主張，頗受朱、陸、王夫之、戴東原以降的影響，尤其戴氏把「道」、「器」論納入其「氣化論」中，視所謂形而上、形而下的分別，是「氣」在變化過程中形成「體」之前與之後的差別，學誠認同於此；〔註66〕二來是學誠針對當時宋學漢學的學風弊端，以爲皆是「離器言道」，不著實際而提出的。針對宋學，他說：「宋儒之學，自是三代以後講求誠正治平正路，第其流弊，則於學問、文章、經濟、事功之外，別見有所謂道耳。以道名學，而外輕經濟事功，內輕學問文章，則守陋自是，枵腹空談性天，無怪通儒恥言宋學矣。」〔註67〕針對漢學，他則說：「學博者長於考察，侈其富於山海，豈非道中之實積；而鶩於博者，終身敝精勞神以徇之，不思博之何所取也。」〔註68〕學誠也說：「言義理者，似能思矣，而不知義理虛懸而無薄，則義理亦無當於道矣。此皆知其然，而不知所以然也」。〔註69〕而學誠論道器合一，以「道因器而顯」、「道寓於器」，主要目的仍在於明道。

> 學術無有大小，皆期於道。若區學術於道外，而別以道學爲名，始謂之道，則是有道而無器矣。學術當然皆下學之器也，中有所以然

〔註64〕《文史通義·原道中》，頁 40。並參島田虔次，〈歷史的理性批判——「六經皆史」の說一〉，《歷史の哲學》（東京：岩波書店，1969），頁 135～138。

〔註65〕《文史通義·原道中》，頁 41。

〔註66〕楊志遠，〈章實齋史學思想之研究〉（台中：東海大學史研所碩士論文，1992）第二章〈章氏論道〉三，「道器合一」，頁 23～24。

〔註67〕《文史通義·家書五》，頁 368。

〔註68〕《文史通義·原學下》，頁 48。

〔註69〕《文史通義·原學下》，頁 48。

　　者，皆上達之道也。器拘於形跡而不能相通，惟道無所不通。是故
　　君子即器以明道，將以立乎其大也。〔註70〕

然而什麼是「道」？什麼是「器」呢？章學誠自解爲「道」是萬事萬物之所
以然，而非萬事萬物之當然也。〔註71〕「所以然」是指事物之理，即「道」，
是具永恆性、唯一性的。「當然」，則指事物之質，即「器」，具普遍性。他以
爲「器拘於跡而不能相通，惟道無所不通」，在他的觀念裏，「道」可以無所
不在，但「器」受限於本身的形體，只能呈現部份的「道」。此一命題，聯繫
到治史上，史事是「器」，史論爲「道」，「道器合一」既是自然實在，則史事、
史論的結合統一也屬當然了。沿著這個思路，章學誠提出「即器以明道」以
治史學，就是即事以言義了。〔註72〕

　　明乎此，章學誠所要通的「道」，從治史的角度來看，算是掌握到了治史
的根本宗旨。他要找的道，就是史義，也就是史家之宗旨。在《文史通義‧
答客問上》中，章學誠表彰《春秋》家學，用意就在於此。他說：「史之大原
本乎《春秋》，《春秋》之義昭乎筆削。筆削之義，不僅事具始末，文成規矩
已也；以夫子義則竊取之旨觀之，固將綱紀天人，推明大道，所以通古今之
變而成一家之言者」。〔註73〕可見他的「史以明道」觀念亦歸源於《春秋》，
亦「所以通古今之變而成一家之言者」也。其《文史通義》所欲「通」者之
「義」，亦旨在於斯。〔註74〕

八、結　論

　　由前文闡述可知史公在《史記》之中以原始察終、見盛觀衰、承敝通變
三者來通達三千年史事的變化，是史公歷史認識論的基礎與核心，並爲後世
史家所繼承。上文依時間縱深方式，例舉唐代前期的劉知幾、後期的杜佑、
北宋的司馬光、南宋的鄭樵及清代的章學誠等中國史學史上頗具代表性的史
家，分別析論他們如何透過自己的傳世巨作體現「通古今之變」的思想，以
致成就其專擅一方的貢獻與令名。大抵劉知幾與章學誠在史學方法論及史學

〔註70〕《文史通義‧與朱滄湄中翰論學書》，頁333。
〔註71〕《文史通義‧原道上》，頁35。並參井貫軍二，〈章學誠の史學思想〉，《山下
　　　　先生還曆記念東洋史論文集》，頁5～9。
〔註72〕許凌雲，〈章學誠的史學〉，《讀史入門》修訂本，頁319。
〔註73〕《文史通義‧答客問上》，頁138。
〔註74〕請參拙稿，〈《文史通義》的「通」與「義」〉，《東吳歷史學報》11（台北，2003.6），
　　　　頁329～346，THCI core，文中所論，可補上文之不備。

批評理論、杜佑在政書體的典制史通史、司馬光在編年體通史、鄭樵則在紀傳體通史恢復《史記》光榮的傳統等不同領域，樹立風聲，揚名萬世。但他們的著作之中最基本的通變之道，實皆受惠於史公的「通古今之變」，則是大家有目共睹的。

　　強調通古今之變的獨立研究較多，縱觀的研究較少，本文的提出即基於此項見解。本文的通變思想，是不分通代斷代的，斷代固然是傳統正史的主流形式，但斷代史家欲著述有成，通變思想仍是要道要則，不可或缺。上舉劉知幾一般所論即是甲班乙馬主斷代的，但通識觀念、通變思想仍是其史學觀念中的重要成分。章學誠也強調斷代猶具「通」意，則為其獨識，為鄭樵所不及。〔註75〕談通古今之變，是探索史家思想的內涵，而非其形式外在，外在形式可以多種多樣，核心內涵則前後如一。本文所欲呈現者，則是從漢代迄於前清的二千年當中，看到上述六位名家的大作中無不有一貫相承的「通變」思想，縷縷不絕，可知史公的「通古今之變」思想，已成為史學的重要傳統了。

〔註75〕柴德賡，〈試論章學誠的學術思想〉，收於氏著，《史學叢考》（北京：中華書局，1982），頁303。

從清末的棉紡織業看官督商辦制度*

一、前　言

　　自光緒 4 年（1878）起至 20 年（1894）止，此 17 年爲中國商品工業興起的時期，此一時期新興之工業，有官辦、官督商辦、商辦，其中以官督商辦爲獨盛。因此，有些學者，如陳友琴、龔駿、費慰愷（Albert Feuerwerker）諸氏即逕稱此期爲官督商辦時期。〔註 1〕

　　對於此期官督商辦制度的探討，在棉紡織業方面，有費氏《中國早期工業化——盛宣懷與清代官督商辦》一書，該書以盛宣懷（1844～1916）主持的幾個官督商辦企業爲中心，研究中國早期工業化的情況，唯因盛道臺在 1878～1894 之間與棉紡織業的官督商辦關係較薄，須待 1894 年華盛紡織總廠成立後，關係始密。因此本文力求補述早期（1878～1894）官督商辦對棉紡織業的影響。另外，龔駿於《中國新工業發展史大綱》略述及之，唯提契綱領而已，對於整個過程演變，則殊少論敘，鮮能令人有一完整之繫念。趙岡、陳鍾毅合著之《中國棉業史》第六章有精闢見解，本文則希望儘量在不同方向著眼。嚴中平《中國棉業之發展》及厂民編著之《民國實業誌》，亦有提及，唯載論類別繁多，未能細論。至於專文論著，目今似尚闕如，不爲無憾。本文即此不揣葑陋，企圖補述之。唯罣一漏萬，恐難周全。

---

* 本文原載《食貨月刊》（復刊）11：1（台北，1981.4），頁 37～46。

〔註 1〕陳友琴，《現代中國經濟史略》；龔駿，《中國新工業發展史大綱》，頁 26 及 50；
　　　　A. Feuerwerker, *China's Early Industrialization*（Harvard U. P. 1958）P. 9. 皆主張
　　　　如是。

本文乃從棉業的發展背景下手，著重官督商辦時期內，該制度對於棉紡織業發展的重大影響，並兼論其價值。時間主在 1878 至 1894；論及該制之轉變時，則延至 1902。

二、棉紡織業官督商辦興起之因素

清末以前，棉紡織業已有深厚的基礎。棉自 12 世紀傳入中國本土後，迅速擴及沿海各省地區，元明兩代並挾政令之宣傳與鼓勵，在明末植棉與棉紡已如《天工開物》（卷七）所言之「寸土皆有」了。清代更不例外。植棉、棉紡之所以盛行，除了棉種本身優良的條件外，符合農民選爲副業生產之對象及滿足某些技術之要求，如不必很高的生產技術，家中老弱婦孺皆可爲之，不需多人共同操作，不必有太多的資金，不必要連續不斷的生產等都是重要因子，加上配合當時流行的小農租佃制度，形成了密切結合與依存，因而棉紡織業迄於清末一直未曾衰竭。在光緒 4 年未議引進新式西方棉紡技藝之前，傳統棉紡織品素來是國人基本民生需要裏的重要角色。

直至鴉片戰爭（1840～1842）以後，棉紡織業的海外市場逐漸爲西方各國所奪，進而西方各國又以其棉貨輸入中國，與中國的手工土布展開直接競爭，中國的棉紡織業在產品上及生產技術上受到嚴重的衝擊後，始未再墨守成規一成不變。首先，華南一帶的農戶放棄土紗，改以洋紗織布，並刻意模倣洋布之花樣與性狀，改良成品，爭取市場以圖挽回頹波。棉紡織業的此項改變，固以維持國內市場，滿足當時人民逐漸普遍喜用洋布的心理，更重要的是可以防止銀錢外流，爲外商所賺，影響民利過巨的弊病。光緒 4 年，湖北道臺彭氏〔註2〕及一些有識的憂國之士議及於此，即謂：

> 外洋從前織布不及今日的十分之三，但自從新式的織法盛行後，布機驟增百倍，生產愈增，銷路愈廣，織布愈多，機器愈精，工本既省，盈利益豐，因此洋布遂成爲中國進口的大宗，每年白銀爲此而流出國外，豈止數百萬兩！〔註3〕

李鴻章引御史曹秉哲之上議，於光緒 8 年上奏亦稱：

> 泰西各國，凡織布足、製軍械、造戰艦，皆用機器，故日臻富強，

〔註2〕彭道台原名不詳，據美國外交文件，1883 年分，音譯可爲彭啓智，他在 1878 年 10 月 5 日呈此稟帖。而趙岡、陳鍾毅合著之《中國棉業史》頁 134，則直書爲彭汝琮。趙書未附加出處。今姑存兩說。

〔註3〕《北華捷報周刊》所輯，日期見註2。

> 查進口洋貨，以洋布爲大宗，近年各口銷數至二千二三百萬餘兩，
> 洋布爲日用所必需，其價又較土布爲廉，民間爭相購用，而中國銀
> 錢耗入外洋者實以不少。〔註4〕

要皆顧及民生之利以及國力富強起見，因此才欲引進新式生產技藝，「仿造布疋，冀稍分洋商之利。」〔註5〕正是鄭觀應所說的「加洋布稅，設洋布廠」，主在挽回利權也。〔註6〕

彭道臺關切棉紡織業之於民生的重要，於焉有建廠之議，旋經李鴻章批准籌設在案，但由於集資困難，局董無能，李乃撤退了彭某，改派戴恆籌辦局事，在上海租界外楊樹浦地覓地建廠，招商集股，是上海機器織布局之雛生焉。該局爲中國第一座正式的新型機器棉紡織廠，於棉紡織業發展史上屬紀元性的開端，非常重要。

在光緒4年始議設織布局時，彭道臺及佐理鄭觀應曾上書云：「當今國家財政困難，我們不敢請求官款協濟，我們只請求督憲同意，並爲奏請批准，在各部立案，庶幾乎可以保證通過正當辦法及早建成。再者，幫助我的會辦，應選精明正直，熟悉洋務的人士。」〔註7〕是議商辦性質較濃，官督色彩較淡。何以彭鄭初議即有意引之附於官督商辦制內呢？李鴻章改派戴恆籌設以至光緒 8 年正式奏請設立上海機器織布局，則是正式引棉紡織業於官督商辦制度之內。官督商辦制度優於官辦、商辦諸制乎？若不較佳，則於 1878 至 1894 年之間何以獨盛呢？吾人若不究詰之，實很難明白清末棉業乃至其他企業營銷良窳的來由。吾人審查當時的社會經濟情況，逐一探究官辦商辦諸制，或有助於瞭解事實之一二。

官辦企業主由清政府負責，重在國防軍用工業，惟效率奇低，不能配合時代的需要。〔註8〕同治、光緒兩朝，有「欲藉官廠制器，雖百年亦終無起色。」之看法者，〔註9〕不在少數，這些憂國感時之士乃有「必須准各省應開各廠，令民間自爲講求。……則人人有爭利之心，虧本之懼，自然專心致志，實力

〔註 4〕《李文忠公全集》（台北：文海出版社重印）（二）〈奏稿〉，光緒 8 年 3 月 6 日。

〔註 5〕同註 4。

〔註 6〕《盛世危言》卷三，〈紡織篇〉。

〔註 7〕1878 年 2 月 21 日刊布之《北華捷報週刊》。

〔註 8〕光緒 21 年閏 5 月〈天府府尹胡燏芬上疏書〉，見《光緒政要》卷 21。持同般見解者尚多。

〔註 9〕沈桐生，《光緒政要》卷 21。

講求，以期駕乎西製之上。」〔註10〕「如能仿製西例，改歸商辦，弊少利多。」〔註11〕的需求。可是，清末的社會經濟環境，過剩人口對於土地的壓力越來越大，每人平均所得和生產額並不豐厚，〔註12〕維持最低限度的生活水平已感不易，要有餘銀用以儲蓄，恐有也無幾，而且此時的信用機構如錢莊票號，組織非常不健全，不足以善盡動員私人資金的責任，當時人民又需要擔負戰敗巨額賠款，必須繳納多項重稅，私人資金的供應自也成問題，何況當時社會民間普遍還存在窖藏的習慣，對於整個資金的流動，也有不良的影響。因此，商股的徵集不容易做到，商辦的可能性，雖因官辦之不良而引起，但在當時而言，是時勢所不能行。即此，乃興起「官督商辦」的試驗需求，是一種權變之計。蓋當時之社會情況，人民對於新式實業的認識仍然相當幼稚，因而對於新式實業的提倡，常需透過官廳或見解獨到深遠的士紳宦來責成，〔註13〕此則變成一種必經途徑。而此時的工業組織，國人也不明悉，條例章程，更付闕如，因而借重官廳是自不待言。另者，清末中央或各省的財政問題重重，亦有必要吸收富賈之資金來激勵新式實業的實業的實現，這是促成官督商辦試行的有力因素。而且，當時實力派人士如李鴻章、盛宣懷等人對於新式實業的體認，往往不見得十分透澈和深刻，他們或有流於藉人民之力，以厚植私人財富地位之事。〔註14〕總此，官督商辦企業乃能盛極一時。

棉紡織業由傳統邁向新式機器紡織階段，正倡於此時，故納棉紡織業於官督商辦制度之下，是很自然和容易的事，在此之前，輪船招商、電報、煤鐵礦業等實業亦在官督商辦之下經營。

三、官督商辦對棉紡織業的實際影響

由官督辦不招商者曰官辦，招商入股者曰官商合辦，由商請辦官不入股者曰官督商辦。官辦、官商合辦者，由官廳委任專員經理，官督商辦者，則由商人自行經理，惟由官立於督導之位置並予以課稅。

〔註10〕 同註9。

〔註11〕 《光緒朝東華錄續編》，卷128，21年6月庚寅條。

〔註12〕 此據全漢昇先生之研究，見〈清季鐵路的官督商辦制度〉一文，收在《中國經濟史研究》下冊（香港新亞）。

〔註13〕 據張仲禮、何炳棣、費孝通諸學者之研究，兩者可爲同一種人，泛見張著 *The Chinese Gentry*，何著 *The Ladder of Success* 費著 *The China's Genrtry*。

〔註14〕 參見龔駿，《中國新工業史大綱》，頁25～26；楊大金編，《現代中國實業誌‧製造業上》，頁7。

棉紡織業在光緒 4 年議立設局時，尚頗具商辦性質，惟此次未成。未成之理由據文件是「集資困難，局董無能」。事情的細況則可能是彭道臺之議設新式機廠受到舊有的布商聯合力量之排斥，以及李鴻章指派會辦人選對於彭氏有阻礙，官商之間有糾紛所致。根本上則是李鴻章的態度問題。光緒 6 年，他辭退彭某可以看出他不再單純地以贊助人自居，而要把此廠納入他的「官督商辦」的系統之中，從而掌握全部管理上的大權，因此他改派他所熟悉的人士如戴恆、龔仲人等人來經辦局務，從創立、規劃廠房、購置布機、聘用洋匠乃至營銷，一切皆在系統下著手辦理。就此發展情形看來，上海織布局就是在李鴻章及其手下等一干人，開始了中國棉業的新式生產方式。

可是，此一新式工業自納入官督商辦制度之後，進展緩慢，效果不彰，延宕歲月，久未開工。「以致延擱八年，毫無成就。」〔註15〕何以致之哉？癥結在何處？這就是本文要探討的所在。希望透過下列幾個觀點來看制度與實績之間是有了些什麼因果關係及聯繫作用，以勾勒出一個明顯圖像俾以瞭解史實。

（一）人事方面

上海織布局開辦人選皆為李鴻章所選定指派。自光緒 6 年，改派戴恆經辦之後，李於 8 年（1882）正式奏請批准設立上海機器織布局。其摺有云：

> 飭據三品銜候選道鄭官應，三品銜江蘇補用道龔壽圖會同編修戴恆妥細籌擬。據稟估需成本銀四十萬兩，分招商股足數，議有合用條規，尚屬周妥。當經批准先在上海設局試辦，派龔壽圖專辦官務，鄭官應專辦商務，又派郎中蔡鴻儀，主事經元善，道員李培松會同籌辦。〔註16〕

這些人分任局中總辦、會辦，是為局中之「董事」。為什麼李鴻章會選派他們呢？據當時《申報》記載：

> 戴恆（子攝）太史為京望族；龔壽圖（仲人）亦八閩殷宦，李君培松久業淮鹺。蔡君鴻儀，業宏滬甫，均當今之巨室，香山鄭君陶齋（官應），上虞經君蓮珊，久居滬上，熟諳洋務商情。〔註17〕

〔註15〕徐蔚南，〈上海織布局的始末〉一文。引自孫毓棠編，《中國近代史工業史資料》（臺北文海重印）所輯。
〔註16〕《李忠公全集》卷43，光緒4年3月6日〈試辦織布局摺〉。
〔註17〕見當時之《申報》，並見全漢昇，〈上海在近代中國工業化中的地位〉，《史語所集刊》第二十九本。

出身均係擁銜贈爵之巨室或熟稔洋務洋情之商人，與李皆曾過從，故李畀之專權，委以局務。由於此局之人選是如此的，在某個意義來說，這已形成了一個李鴻章集團經營式的上海織布局。彭道臺設廠初衷，商辦性質較爲濃厚之構想，至此不復存在，完全導入在李鴻章遙控，鄭龔戴諸人實際操作的官僚形態較重的經營方式，與前有重大差別。我們無意說後者一定會導致惡劣效果，而前者必會帶給新式棉紡織業轉機之命運，可與外來棉貨一爭長短。本文只就事實的發展，來觀察並加以印證鄙見。

織布局之蹉跎歲月，長期拖延，因素很多，而最重要的是內部的人事結構。鄭、龔蔡等大股東並非按普通辦企業的方式自願結合，而都是奉派的出資人，一旦有意見之糾紛，即無法按一般商業的經營法則來謀求合理的解決。最初，原由「龔壽圖專辦官務，鄭官應專辦商務」，但鄭、龔兩人意見不合，彼此攻訐，龔認爲鄭獨攬大權，辦事專橫，經手之銀錢也有帳目不清之處，引致外間物議，兩人鬥鬧得十分不愉快，迫使上級官員不得不加以干涉，首先龔被李鴻章檄飭另侯差委，不必會辦局務，不久鄭觀應也被彭玉麟奏調赴粵幫辦軍務，兩人都不得再插手局事，〔註18〕織布局事轉由津海關道盛宣懷接辦，但盛兼職過多，無暇旁顧，又移給經元善，最後龔壽圖又被請回與其弟彝圖共同負責。

局中人事再三改組，主事專辦人員皆不久任，縱有抱負理想或具能力，皆難實現，徒見得其中人事紛爭輮輵之大，以致久久無法開車織布，此期間不說所聘洋匠丹科（A. D. Danforth, 1879 聘妥）及其他數員乾領了好幾年薪資，其他項目之支出如薪金、倉庫、利息、保險諸費，皆甚龐大，其損折固已不貲矣。可見人事結構之不佳，導致人事鬥爭現象，竟是官督商辦最大的牽掣力量。這個現象，要到 1887 年李鴻章重整局務後始稍轉善，無復聞人事不諧之事有如是之屬害的。1893 年織布局火焚後改建之華盛紡織總廠，以及華新、裕源、裕晉諸廠，鑑於前例，以及時局之汰變，也逐漸轉爲商辦，官督商辦制爲害較前已遜。

由上吾人可知上海織布局之無法有一較善的營業成果，在人事方面，制度之不善有很大關係，局員全出於李之安排，而非視經辦人員之專才而定，人事糾紛又無法有合理之解決，則只有使工程延宕，財物損折而已。

〔註18〕《李文忠公全集・電稿一○》；《曾忠襄（國荃）公集奏議》卷 31〈查覆織布局務疏〉。

1889 年議設的官立湖北紗布局之人事，明白由官方派定，人事之紕漏較小。但由於其資本來源，並非由官款籌撥，仍以民間資本佔絕大比例，則其性質亦幾近於官督商辦，所以在此要一併提及其人事現象，如此以窺清末棉紡織業，其周延性方較為完整。

光緒 15 年，兩廣總督張之洞以開辦費 40 萬兩，奏請在粵設立織布局。〔註 19〕甫經措置，張旋被調兩湖，繼任官員李瀚章，甚不以辦機器工業為然，張不得不在光緒 16 年奏請將在粵訂購之織布機移運至鄂，〔註 20〕並擇定武昌省城文昌門外地以建廠開工，〔註 21〕此則說明重要有權之官員對於興辦新式工業的認識不一，致有人存則舉，人去則罔的現象，創辦者的苦心，繼任者未必省得，也未必願意接辦，因此就湖北紗布局的發生情況而言，本已購妥機器擬定在粵生產洋布之事，經此一波折，只得再加拖延，轉移陣地至鄂，原機器由粵移鄂，除需一筆可觀之搬運費外，停置未用於生產，反有無形之浪費與消耗，實甚不經濟，而且粵鄂棉花來源不同，兩廠設址條件也不盡相同，難免會有新的困難。此現象之病結推之於人事因素可也。

（二）聚本方面

官督商辦企業興起的基本理由之一即是官方無論中央或地方之財政困乏，力不足以延續原有或創辦新興之企業，因此招集有錢之人以投資興辦或維持之；較大之企業，商人出資猶不夠，需向外國借貸者，則更需官方出具保證，像鐵路輪船即是如此興辦的，棉紡織業所需之成本僅約上項企業之半，因而受官督商辦制之影響實與上項企業又有輕重之別，而其發展，更是不同。茲就聚本一事請述之。

李鴻章〈試辦織布局摺〉已云：稟估需成本銀 40 萬兩，分招商股足數。這 40 萬兩，經議定由鄭龔戴蔡各認集股 5 萬兩，親友附股者六七萬金，不足者即向外召募，勉強湊足所需之數。經營如許大廠，不久即感不敷應用，乃又增募了 10 萬兩，共計 50 萬兩。〔註 22〕這 50 萬兩好好經營，亦足成事。但是，廠務未見進展，六七年而無成，是否 50 萬兩總未湊足？鄭龔蔡戴是否各

〔註 19〕《張文襄公全集・奏議》卷 26，光緒 15 年 8 月 6 日。
〔註 20〕《張文襄公全集・奏議》卷 29。
〔註 21〕《湖北通志》卷 54。
〔註 22〕 *North China Herald*, Dec. 6, 1881.

拿出了議定之數？這都是我們要加以追究的。按當時之報載及徐蔚南〈上海織布局的始末〉一文，我們知道這些任事者確曾拿出該出之資，資本總額也符預定之數，織布局之計劃也周詳，預計支出款目亦分明，可是為什麼還遲遲不能開工呢？原來他們錢是拿出來了，但又可以借走，轉作其他買賣，實際上，局費常無法保持在融通資金以上，因而營務不得開展。是以，我們可說資本表面已湊足，但實際與資本之不夠無異。

按理說，官督商辦的上海織布局要比私人興辦的企業，更易於措集資本，而且行事辦事也較便利，這是官督商辦的先天性優點，也是當初彭道臺請辦紗廠之稟帖上要附上一句「幫助我的會辦，應選精明正直，熟悉洋務的人士」之理由所在。可是局務之任事毫無創業苦志，任意揮霍，〔註23〕或做事不實不妥，〔註24〕或取局費作投機買賣，〔註25〕竟沒有利用到官督商辦的優處，反把局務弄得烏煙瘴氣，一團是糟。若看前述之人事糾紛，再看他們各懷異胎，以公費充私人之面子與利益之事，也難怪乎經營六七年，廠尚未成，而費幾罄了。

光緒13年，李鴻章不得不加以整頓，革新局務，如稽核月結，局中股本不得私自挪借；舊局每股百兩，限三個月內續交三十兩，換發新股票百兩；限定局用，每月不得超過三百兩，並札飭招商保險局、籌賑局、綏鞏支應局加入股份，以重開局務，並指派馬建忠為總辦，終於1890年開車生產。

可是上海織布局於光緒19年（1893）9月10日火焚淨盡，原有之商股554,900兩，被焚後損失八成，餘剩之貨款不足以做為一廠復工之需要，而當時中國進口棉貨高達五千二、三百萬海關兩，較前增加甚多，形勢逼人；另一方面，織布局自1890年開車生產後，盈利頗豐，間接有鼓勵作用，因而李鴻章重建紡織廠之心甚為堅決。同年10月，即奏調盛宣懷、聶緝槼負責規復織布局，工作進行也很迅速順利，一年後（1894）已部分開車。依李鴻章之議，此廠

> 仍就機器織布局舊址，設立機器紡織業總廠，名曰華盛。另在上海
> 及寧波鎮江等處，招集華商，分設十廠，官督商辦。〔註26〕

〔註23〕徐蔚南，〈上海織布局的始末〉，出處同註15。
〔註24〕鄭官應辦事不實，見《張文襄公全集·電稿》卷10；龔壽圖辦事不妥，見《左文襄公全集·書牘》卷26。
〔註25〕光緒13年6月7日登於《申報》（1887、7、27）。
〔註26〕李鴻章，〈推廣機器織布局摺〉，見《李文忠公全集·奏稿》卷78。

此華盛總廠之資本來源，卻是「悉歸以後商辦各廠，按每出紗一包提捐銀一兩，陸續歸繳，以恤商艱。」〔註27〕也就是說華盛聚本之法是把上海新辦完全商辦的裕晉、大純諸廠視爲分廠，並強索出紗一包提錢一兩的捐款，這無疑會危害到其他各廠的營運情況。此爲李鴻章利用職權關係，強爲保護官僚資本企業之例。對於整個棉業發展長遠來看，其失也大，然李鴻章逆料不到這種田地的。

上面說過籌辦棉紡織工廠所需之資金，僅及鐵路或早期國防工業所需之半而已，因此清末民間的資本，雖然短絀，但尚有能力投資於棉紡業，願意經營者也不無其人。可是由於李鴻章曾經爲上海織布局請准了十年專利權的保護條例後，不少本來有意的民間資本都卻步了。當時之彭道臺及其民間股友即是。另有王克明及俞少山擬套奏摺中只提華商的漏洞，找美國魏特摩及格蘭特爲名出面開設紗廠，結果落得左宗棠用勾通太平天國，濟賊漏稅的子虛罪名逮捕之，使得該廠被迫中途流產。〔註28〕李鴻章限制設廠之主張，民間縱能籌到資本，也無法開辦工廠，杜絕了國人投資於棉紡織工業的機會，中國新紡織業之興盛，反被覊延不少時間。

設廠限制的現象在光緒14（1888）年，張之洞擬在廣東設立織布局，向李鴻章交涉，徵得李之「無妨」〔註29〕後，局面才開始打開。張建廠之心，異常殷切，困難卻也在資本的籌集。張曾說：「成本甚重，商股既不易集；庫款支絀，官本亦屬難籌。」〔註30〕於是張乃採向闔姓派捐。移鄂後，並向山西善後局調借了20萬兩，匯豐銀行借了16萬兩，才補足設廠所需。此爲前面所敘張之湖北紗布局名爲官立，然其資本來源，一若上海織布局，大批來自民間居絕大比例也。

（三）經營管理方面

李鴻章曾經爲上海織布局做得兩件重要大事，甚利於織布局局務之經營與推廣。

〈試辦織布局摺〉云：「查泰西通例，凡新剙一業，爲本國未有者，例得界以若干年限，該局用機器織布，事屬剙舉。自應酌定十年以內，祇准華商

〔註27〕新輯《時務匯通》，卷83，並見1893年12月15日《捷報》。
〔註28〕見《左文襄公全集・書牘》卷26。
〔註29〕光緒14年11月3日李鴻章見張之洞電，《李集・電稿》10。
〔註30〕《張文襄公奏稿》卷19，〈粵省訂購織布局機器移鄂籌辦摺〉。

附股搭辦，不准另行設局。其應完稅釐一節，該局甫經倡辦，銷路能否暢旺，尚難預計。自應酌輕成本，俾得踴躍試行，免爲洋商排擠。擬自布疋織成後，如在上海零星銷售，應照中西通例免完稅釐，如由上海逕運內地，及分運通商他口轉入內地，應照洋布花色，均在上海新關完一正稅，概免內地沿途稅釐，以示體恤。如日後運出外洋行銷，應令在新關完一出口正稅。若干年後銷路果能漸暢，洋布果可少來，再行察酌另議。」〔註31〕由文中吾人可知李鴻章此舉是在保護上海織布局，一則在免稅免釐，一則在限制設廠。

按第一則該局產品只需在上海繳納一次正稅，此後即可免完一切轉口稅而運銷全國內地。換言之，上海零星銷售可以免完稅釐，比進口貨少負百分之五之進口稅，如銷入內地時，則只完一次百分之五的關稅，比洋貨少負二・五％的內地子口稅，此可以增加上海織布局的市場競爭能力並減低成本；按第二則李鴻章爲該局請得十年專利權，並規定「祇准華商附股搭辦，不准另行設局。」其所具之保護作用，更可達成壟斷國內棉紡織品的市場，與外貨競衡，甚至或可加強外銷能力。李之立意不能說不善，織布局的前途未可限量。

事情的展衍，卻不如所想像的樂觀。第二則的十年專利權必須在上海織布局能開工生產，供給需求，其效力才有意義；第一則更需是該局有了產品以後才能享受到減免稅釐之負擔。可是上海織布局有近八年時光是浪擲虛度，根本沒有產品可言，因此第一則免稅釐的優惠待遇是自動放棄，而第二則十年的專利則是尸位素餐，徒害中國棉業之正常成長。這裏要換個角度來考慮爲什麼這樣大好的機會，竟讓它白白度過，一事無成。第一項我們要考慮的是任事者的企業精神到底如何？也就是說他們敬業到何種程度？

其實前述之「任意揮霍，或做事不實不妥，或取局費作投機買賣。」已可看出這般的精神是不可能有所成就的。他們假公濟私，自己雖出了錢，卻不視爲自己的企業來經營。設能以自己之企業來經營，則汲汲乎唯恐無利可賺，又何至弊端叢現，而竟被迫改組重新經營乎？

次就清季中國之管理能力之水平與設廠規模大小問題來看。上述無論上海織布局、湖北紗布局，或華盛紡織總廠，其規模都很大，尤以晚設的華盛爲最。規模龐大本非惡事，祇是就中國棉業發展情況看，以土法紡織成布的時間仍然較長，截至清末爲爲止，並沒有大型工廠的產生，當然沒有經營管

〔註31〕《李文忠公全集》卷43。

理如上海、華盛等大型現代工廠的經驗。對於國人而言，從事嶄新的機器紡織工作，不免要遭到技術上與組織上的困難，當時主政者若能先開辦小型工廠，逐次發展，便不會因聚本之問題而耗去太多時間，而且可以分頭多設小廠，透過較便的營銷範圍，達到營利目的；二來小廠人事管理也會較大廠簡單，不致因人事而影響業務之推展太大，等到生意做穩，市場打開，管理經驗也增加了，然後再圖擴充，以達到技術上的最理想最經濟的規模，這樣對棉紡織業的發展，或較為穩健而且快速。可是當時之籌策者但求規模宏大，未加考慮當時之經理技術與能力的水平，乃至反有發展緩慢，競爭落敗的厄運。〔註32〕

　　凡以上三方面的探討，只為論敘方便起見而做出區分，實際吾人不能獨立單看某一方面，因其間的關係是連鎖的，互相關連的。經過以上的分析，清末棉業現代化的發展過程，整盤來說是弊多於利的。

四、棉紡織業官督商辦的轉變

　　棉紡織工業，自套入官督商辦的系統中，發展頗為不順，已如前述。而此項工業逐由傳統走進現代化工廠制，著實吃緊，不易應付，特別在 19 世紀後半期和 20 世紀之初國際局勢的影響，乃注定中國的棉紡織業要在競爭激烈的棉貨市場中敗陣下來。

　　我們要瞭解清末棉業衰退之緣由，我覺得從下列兩項因素來考慮較為利便。究竟除了第三節所析證的理由之外，還有那些因子促使中國棉業紡織業衰落和棉業紡織業界又作了那些因應轉變？這是本節要更進一步探討的問題。

（一）外在因素

　　清末西方棉貨已行銷中國，但礙於有李鴻章奏摺的限制，外人不得在華建立紗廠，只能借華商或合股的名義參與，不可明目張膽。但自馬關條約訂立（1895）之後，外人可以公然在中國境內「從事商業工業製造所」，〔註33〕，一時有怡和、老公茂（英）、瑞記（德）、鴻源（美）四家建立，日商後來也跟進買設上海紡織，外商勢力，日漸增加，特別是日本商人的勢力，在後來更見凶猛，勢不可擋。國人見外力之猛進，而李鴻章上海織布局專制權也已

〔註32〕所述多趙岡先生卓論，見《中國棉業史》，頁 147～150。
〔註33〕馬關條約第六款第四項。

失效，故急起直追，除原有設立各廠外，如雨後春筍般地又增設不少，迄光緒 28 年（1902），僅上海一地即有紗廠 17 家，紗錠 565,252 枚，超出以前甚多，其蓬勃現象可見一斑。不過，當時國際棉價高漲，職工不敷，無論中外紗廠，均感經營困難，金融機構也無法提出適量的幫助，其慘澹苦況，由後來不少結束營業或減低營業額者可以明白。

由於外商勢力寖強，民辦企業日興之刺激，清廷早期「師夷人之長技以制夷」的工業化觀念，到此時似有一種反動現象。工商界企業越來越為國人所深深注目；官督商辦之工商業，在 1895 至 1902 之間，乃逐漸喪失其地位，民辦工廠，與日俱增，中國新式的棉紡織業，也在此時才真正打下基礎，逐步開展。

（二）內在因素

也就是官督商辦之內涵起了何種變化？何以轉替？

張之洞初論官督商辦兩方權限之劃分，頗為詳細。他說：

> 至官督商辦之要義，大率不過兩端：權限必須分明，而維持必須同心。商無權則無人入股，官無權則隱患無窮。蓋既名公司，則事權全在股東，股多者權重，股少者權輕，無論官款，地方公款，本省紳商軍民所入之款，外省人所入之款，皆以股東論。〔註34〕

事實這只是理論之空架子，商人出了成本，名也是商辦，卻無管理權，因而才有時人之嘆，曰：「商人雖經入股，不啻路人，即歲終分利，亦無非仰人鼻息。」〔註35〕

在討論到官督商辦制之內涵，費慰愷（Albert Feuerweker）有許多精湛之見及警醒之語，很值得我們接納與反省。

一、由於高級官吏專賣的專制權，使官督商辦制度變成一種具有獨占性的企業，造成無競爭性，更甚者是變成具有保護官僚資本的作用，影響自由企業的發展。

一、官督之官，位職卑小，無法自立，常受人情干擾，無法發揮長才，因而官督角色不合現代企業要求。

一、受當地官衙之榨取，使經營與運行無法合理。

〔註34〕《張文襄公全集》卷 68。
〔註35〕《皇朝經世文編》卷 105，吳佐清，〈紡織篇〉。並見嚴中平，《中國棉業之發展》，第 4 章。

費氏在其名著《中國早期工業化》中，檢討出官督商辦原則下經營的重要工業包括棉紡織業即有上列數項缺陷。〔註 36〕費氏以現代企業的眼光衡量此一現代化的棉紡織業自納入官督商辦系中所做之評語，甚爲精當。

其實，官督中的總辦、幫辦、提調諸職，大都委於官紳，並非託付專才，這點對發展需要專門技術人才之新式棉紡織業來說，影響很大。西方工商業之能勃盛，即得力於是，而中國無之，故事倍而功不及半。況且每當設立一廠之後，總要受當地衙門之榨索，官吏不管營效如何，每年總要抽取收 8%～10%的官利稅，影響經營與運行頗巨。這都是重要工業在官督商辦制下的缺點，我們不能不承認。

衹是費氏提出官方督辦之企業常與地方勢力結合的說法，由棉紡織工業看來，似乎不甚吻合。試以上海織布局與李鴻章爲例略加說明之。李少荃係安徽合肥人，其所推薦之經辦局務者，鄭係香山人，龔爲八閩股宦，戴恆爲京城望族等等，可見李之用人，並未全託給具有與李同血緣或地緣關係的人。據當時《申報》所載來判斷，李之簡擇鄭龔蔡經李諸人主係用善於官務商務之人士，並取其資富以利新式實業之推行而已。後來用盛宣懷主持華盛，亦以借重盛辦新式企業之長才居大，〔註 37〕非有地方主義之色彩也。以李之英斷有遠識，破除血地緣偏見之圍限，於李當爲不難才是。不過，新式棉紡織業的開辦，受李鴻章一干人所形成的集團所左右則是不可迴避的事實。

總此外在、內在之因素，棉業是無法於當時適時順利地茁壯起來。中國棉紡織業眞正發達的時刻，要在 1950 以後，在大陸與臺灣兩地同時達到眞正輝煌的成果，人民受棉紡織工業之賜，至此始有。本文追溯這段初期的新式棉紡織業史，簡單地說，主要關鍵即在於官督商辦的原則下，棉業的發展步調慢得離譜。

五、結　論

清季的官督商辦制度，並不始於棉業，其先奠基於開平礦務局，首有招商股 80 萬兩之議。〔註 38〕在甲午戰前之輪船招商局及電報，也是官督商辦的。

〔註 36〕 A. Feuerweker, *China's Early Industrialization: Sheng Hsuan-Huai and Mandarin Enterprise*（Harvard, U. P. 1958.）Chs 1 & 7.

〔註 37〕《李文忠公全集・奏稿》卷 77，光緒 19 年 10 月 26 日〈李鴻章重整上海織布摺〉。並見《捷報》（1893、11、24）引《滬報》載。

〔註 38〕《李文忠公全集・奏議》卷 11，〈直境開辦礦業摺〉。

〔註 39〕因而清末之棉紡織業受此制之影響是自然無奇的，但亦由於此制之影響，使得中國棉業最具關鍵性的十來年，由於李鴻章諸人對官督商辦之誤導，及對上海織布局之處理不當，以致落在競爭厲害對手的英美日之下風，使棉業發展處處感到掣肘不順。此點還貽患至 1910 年到抗戰發生，日本對華棉貨銷售量，竟達到所有進口棉貨量的 2/3，皆來自於日本的可怕統計。〔註 40〕龔駿氏謂此為近代中國工業屈服於資本主義之始點也。〔註 41〕

　　本文追究 1878～1894 之間，由於官辦的效率奇低，商辦事實不可行之餘，發見官督商辦的肆應性是一種權變之宜，是由傳統過渡到現代化企業經營制在中國實施的一種折衷辦法，其價值及作用即在於此，也僅在於此。事實上，棉紡織業在引入於官督商辦制之後，經過上述的分析指出仍是弊多於利，我們不認為在當時是一種最好的選擇，因為棉紡織業的發展，可以透過較小資本額之小廠制方式的經營與管理，而逐步放任開展的。並不如一般絕大龐大的企業需要官方出面借資融資以及督導的，故而其反作用反而在歷史事蹟上呈現得更明顯，也因而才導致清末棉業競爭落敗與式微的結論。

　　聞一知三（子貢語），既明瞭了棉紡織業在清末的發展與式微過程，我們透過這項新式工業在官督商辦制度之下運作之不善，也略可對整個近代工業化的成績不良問題，獲得一點啓示了。

〔註 39〕《清史稿·交通志》。
〔註 40〕歷年海關報告，特指 1916～1930 年間。
〔註 41〕龔駿，《中國新工業史大綱》，第 5 章。

對明代婦女貞節觀念的若干思考*

一、前　言

　　婦女在傳統中國的角色與地位，受到儒家思想與宗法制度的重疊影響，只是附屬於男性之下的第二性而已。〔註1〕長期以來，天地、陽陰、乾坤、剛柔、強弱與主動被動都用來形容男女之別，這些辭句除說明性別的差異之外，在語意上更有一高一低，一上一下的殊分。這個性質貫串了中國歷史有數千年之久，可謂源遠流長，其來有自。然而審諸歷史，卻也不是一成不變。大抵而言，三代以前的婦女地位迥異於後世，蓋其時仍係母系社會，女性地位崇高。〔註2〕三代而後，男性始憑其生物性的結構力量，逐漸頂替女性的優越性而終究取而代之。殷商末年，還有母性社會的餘息，但已大變，不復往昔。此後即以男性為社會的中心。〔註3〕男性地位的轉變，可說先是由母性社會的游移份子，轉為畋獵，再轉為耕種，變成一家主權之所在。相對而言，女性由一家之主，轉為耕種，再轉為織紡，變成次級的生產力量，與男性相互消長。固然，中國歷史上婦女的地位仍有幾個高峯，〔註4〕但就長期與巨視的觀

---

* 本文原刊於《中華文化復興月刊》19：8（台北，1986.8），頁68～72。

〔註1〕參歐陽子等譯，西蒙波娃（Simone de Beauvoir）原著，《第二性》（Le Deuxieme Sexe, 1949）（臺北：晨鐘出版社，1972。）
〔註2〕任達榮，〈關於中國古代母系社會的考證〉，《東方雜誌》32：1，（台北，1935），頁71～76；郭沫若，《中國古代社會研究》（人人出版社，1954），頁5。
〔註3〕牟潤孫，〈春秋時代母系遺俗公羊證義〉，《新亞學報》1：1（香港，1955.8），頁381～421。
〔註4〕女性的地位有幾個高峯，呂后（前漢）、鄧太后（後漢）、武則天、韋后、太平公主（唐）、慈禧（清）等等，可參楊聯陞原著，林維紅譯，〈國史上的女主〉，《國史探微》（臺北：聯經出版事業公司，1983）頁91～108。

點來看，女性的地位確實每況愈下，日漸窮蹇。這種狀況，又以宋明清三代為甚。而明代尤居其要。

　　明代婦女地位的卑下，是繼承宋代以來的發展，但更加凝固成體；又是下啓清代婦女地位的源頭，影響有清一代的婦女生活。在這個歷史的環節之中，研究明代婦女的生活層面，遂變得非常有意義。而影響明代婦女最重要的，又莫過於思想因素對於婦女行為的拘縻，則貞節或貞操的盛行，是最具影響力的一項事實。本文居於擒賊先擒王的用意，乃發意先從貞節觀念著手探索明代婦女生活的種種，由其觀念的形成，運作以至於影響，分提幾個角度加以探討，祈對明代婦女有一較為周全的認識。

二、明代貞節觀念的凝成

　　貞節觀念出現在歷史上是很早的事，〔註5〕但其意義所包容的範圍及其真正實施的程度，往往代有不同，漢宋明清是婦女地位較低的四代，比較講究貞節觀念，其餘諸代則較鬆散或開放。〔註6〕而此四代之中，宋又較漢為嚴謹，明又較宋為完密。以本文課題所在的明代而言，直接承受於宋者，則比較明顯和有迹可尋。

　　根據陳東原的研究，宋初七十年間（960～1030），由范仲淹王安石等大家對於貞節觀念的見解，可以看出仍然極為寬泛。范氏在他的義莊田約，准許給予寡婦再嫁的用費。他從未說過再嫁非禮的話，也從無寡婦必須守節的觀念。他的母親即是改嫁過「長山朱氏」的，他本人也曾更名朱說。既貴之後，始改回原姓。後來遇有推恩，也多先給朱姓子弟，可見他毫不以母親再適為恥。不僅如此，他也曾嫁他的寡媳（純祐妻）予其門生王陶作為續絃。因而可見范仲淹始終認定寡婦再嫁是光明正大之事。這點很可代表宋初儒者對貞節觀念的態度。〔註7〕

　　宋初大臣的母親也多有不守寡而再出嫁的記載，王博文的母親張氏，其父死後改適韓氏。〔註8〕郭積幼孤，母也更適王氏。〔註9〕劉湜少貧，母親再

〔註5〕貞節觀念最早可溯至上古，《禮記》《易》對貞節已有說明，更詳細一點說，可謂周朝即有之。

〔註6〕鮑家麟編著，《中國婦女史論集》（臺北：牧童出版社，1979），〈序〉，頁3。

〔註7〕董家遵，〈從漢到宋寡婦再嫁習俗考〉，收於鮑編，《中國婦女史論集》，頁160～161。

〔註8〕《宋史》（臺北：鼎文書局，1979），卷291，列傳第50，頁9744。

〔註9〕《宋史》，卷301，列傳60，頁9999。

嫁營卒。〔註10〕賈逵厚賂其繼父，才得迎回重醮的母親。〔註11〕

王安石對婦女的態度可與范仲淹媲美。王安石因為次子雱有心疾（今語泛稱為精神官能症），屢欲迫害其妻，安石體念其媳婦之安危，乃替她媳婦做主改嫁了。又有因為其門生侯叔獻死後他的妻子幃薄不肅，而代奏逐其婦歸其本家之事，因而當時京師流傳「五太祝生前嫁婦，侯工部死後休妻」的諺語來形容荊公的人道。〔註12〕

與王安石約略同時的周敦頤、張載，則常從《大學》《易》《禮記》出發抒論其婦女觀念，但多就明五倫正禮樂等治家的角度發言，並無特殊的貞節觀念影響當代與後世。

然而，到了二程並四傳至朱熹，亦即 1032 至 1130 年時，貞節觀念開始嚴格起來。此中以程伊川的言論最具代表性：

> 或問：「孀婦於理，似不可取，如何？」伊川先生曰：「然！凡取，以配身也，若取失節者以配身，是己失節也。」又問：「人或居孀貧窮無託者，可以再嫁否？」曰：「只是後世怕寒餓死，故有是說。然餓死事極小，失節事極大！」〔註13〕

孀婦不可再嫁是伊川的主張，與前述范王周張諸氏的言論與作風，已有很大的不同。自此之後，社會上普遍實踐所謂的「失節事大，餓死事小」的貞節觀念。這是歷史上極大的轉變，中國的婚姻觀在此有了一個轉型期。〔註14〕而宋初范仲淹優遇再嫁的寡婦與後來程伊川倡寡婦的守節，又可代表兩個時期貞操觀念的型態。

此後貞節觀念普遍存在於社會各個階層，上自宮闈下迄庶婦，無不奉行實踐，不敢踰越，形成一股牢不可破的社會風氣。換言之，貞節觀念變成宋末以後社會的一種意理型態（Ideology）。

這個意理型態再經過明初帝后的登高一呼，更形穩固堅牢。明太祖在洪武元年（1368）即頒有一詔：

〔註10〕《宋史》，卷304，列傳63，頁10076。

〔註11〕《宋史》，卷349，列傳108，頁11050～11051。

〔註12〕原載《澠水燕談錄》，轉引自陳東原，《中國婦女生活史》（台北：臺灣商務印書館，中國文化史叢書，1978，臺六版），頁134～135。

〔註13〕參程伊川，《近思錄》（四部備要，子部，台北：中華書局）。

〔註14〕董家遵，〈從漢到宋寡婦再嫁習俗考〉，《中大文史月刊》3：1，（1934），頁211。

> 民間寡婦三十以前夫亡守制，五十以後不改節者，旌表門閭，除免
> 本家差役。〔註15〕

直截以法律的力量鼓勵守節。換句話說，以帝室或官方之力推廣貞節觀念，遵守的婦女則有一定的獎賞。太祖同時亦命儒臣修《女誡》，並由解縉總裁〈列女傳〉。〔註16〕

除此，還有母儀天下的仁孝文皇后（即徐達之長女），本著高（馬）皇后重視列女傳的遺意，也撰述《內訓》一書。〔註17〕最初它的對象原是給宮內皇太子與諸王（妃）看的，後來因為內容涉及母德與事君的觀念，也就以政府之力推廣此書，因而，仁孝皇后對於明代提倡婦女的貞節觀念，應算是舉足攸關輕重的人物。更由於她的建言，成祖命令解縉、黃淮、胡廣、胡儼、楊榮、金幼孜、楊士奇、王洪、蔣驥、沈度等儒臣合力編輯《古今列女傳》，並親自製序刊印頒行。這兩部書的刊布民間，民間的風教自是風行草偃以此為甚了。

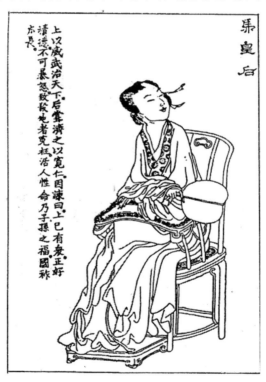

〔註15〕 李東陽等《大明會典》（臺北：東南書局，1963）。
〔註16〕 《明史》（臺北：鼎文，1975），卷147，列傳35，頁4120或本紀2，太祖2，頁20。
〔註17〕 《明史》，卷113，列傳1，后妃，頁3510。

　　除帝后對明代婦女貞節觀念有決定性的影響力之外，史臣撰修史籍，特
重列女傳亦有若干關聯。歷代編修列女傳，在《隋書》有 16 人，《新唐書》
有 54 人，《宋史》有 55 人，然明代所修纂的《元史》竟有 187 人，〔註18〕是
以上諸史的三‧四倍以上，這是明朝史臣宋濂等人特重列女的明證，這項事
實也反映了明人提倡貞節風氣之盛，故搜羅節烈之婦女也多。明初史臣重於
羅舉元代婦女節烈之事，對於明代婦女重視貞節觀念，無形中也有推波助瀾
之效。貞節觀念形成意識型態之後，其價值系統也顯著出來了。

　　至於明末呂坤撰有《閨範》，輯往哲嘉言，除去艱澀難解之文字配以簡明
生動之圖畫表明女訓，流傳宮禁士林，其影響亦不難揣估，但以其生於明季，
故於此不列論。〔註19〕

　　至此，吾人可知，貞節觀念甚早即有，但往古常流於理論或空言，或鬆
或緊，沒有一定的繩準力量；但截至北宋末年經理學家一倡，即全面轉入實
踐而能夠普徧奉行了；至明初更是堅牢無刓，變成教條了。執行貞節觀念，
變成婦女行為的不二義務。

三、貞節觀念的運作

　　在貞節觀念的意理型態下，附於人生觀的價值系統在實踐層面的表現是
本小節更進一步的探索工作，也是本文在審視客觀史料之餘，追求其價值之
所在。換言之，是追索明代婦女貞節觀念更落實的一面。

　　前述太祖的詔命之中，可以很明白地看出守貞節的寡婦不但本身可以得
到旌表的殊榮，本家的差役，也可藉以免除。她們本身固然可以得到尊敬與
禮讚，其本家亦引為光榮。情節要重的，還可「賜祠祀，樹坊表」，垂名後
世，百代不朽。〔註20〕這個意義，則可以說是倫理（ethic）的。守節既可以
榮自己又可耀家門，故明代社會的寡婦莫不崇尚守節，其本家亦莫不希望寡
婦守節。此風一經展開，蔚成風氣，到明憲宗成化元年時，已有矯枉過正
作弊生偽的現象，有些百姓為求表彰門閭貪圖榮利，竟而冒填寡婦年紀作假

〔註18〕陳東原，《中國婦女生活史》附錄〈二十四史中之婦女一覽表〉，頁 421～
　　　　424。
〔註19〕有關呂坤（新吾），可詳參 Joanna F. Handlin, *Lu K'un's new audience: the
　　　　influence of women's literacy on 16th-century thought in Women in Chinese
　　　　Society* Edited by M. Wolf and R. Witke.（California: Standford Univ. Press
　　　　1975）
〔註20〕《明史》，頁 2079。

呈報，引得政府必須出令制止。〔註21〕這種弊端的發生，只能說明貞節觀念在社會上盛行狀況的餘波。

由程伊川的言論看貞節的意義，主在不事二夫，守志守身而言。然而這之中有因守志而發生生死區分之問題的，生者一般謂之「節婦」，死者謂之「烈女」，歷代的正史列女傳主要即以這些節婦烈女的感人事蹟做為最大骨幹。秉此，我們以二十四史中有關婦女的記載為底本，發現了《明史》記載列女的數目有三百多人，乃居各史之冠。〔註22〕這三百多人，可更進一步析分成下表：

節　婦	節婦 45　孝女 18　義婦 10				73	19.62%
烈　女	投水 82　自縊 57　絕食 19　赴火 17　刀刃 6　刎頸 22 賊害 36　其他 60				299	80.38%
合　計				372	372	100%

另外，依據董家遵以《古今圖書集成》為本，統計出明人節婦有 27,141 人，烈女有 8,688 人，分別是歷代總和的 72.9%和 71.46%，結果亦顯示明代婦女貞節觀念最為濃厚。〔註23〕上列數據可據以證明貞節觀念的表徵化，也是它運行的結論。

上述的節婦烈女多為一般庶婦，上階層的宮人則可另言。由史實記載得知，太祖朝天女戶，宮人從死；成祖與仁宗兩朝皆用殉；宣宗宮妃殉葬；〔註24〕亂世時，此類例子更多，如莊烈帝時，周皇后自裁猶稱領旨；袁貴妃自縊未死，帝拔劍砍其肩；宮人魏氏及二百多人躍御河殉國；宮人魏氏則以 16 之齡計殺李自成的部將之後再自縊，傳為美談。〔註25〕

宮女的殉葬與一般嫠婦的守志隕身，目的都在於殉國殉君或殉夫，這種節烈的表現（被偪迫的應不計在內），是忠君忠夫綱常倫德的極致，亦是不事二夫貞節觀的最高度發揮。

〔註21〕陳東原，《中國婦女生活史》，頁 179。

〔註22〕陳東原，《中國婦女生活史》，頁 418～427；另參蔡淑瑄，〈明代婦女的地位〉，《史薈》（台北：國立政治大學歷史學會，1983）第 13 期，頁 56。

〔註23〕董家遵，〈歷代節烈婦女的統給〉，收在鮑家麟嫦著，《中國婦女史論集》，頁 112～117。

〔註24〕《明史》，卷 113，頁 3515。

〔註25〕《明史》，卷 113，頁 3544～3545。

當然，史例隨處可摭，難以盡罄。譬如明末殉國者有劉理順一家，妻妾死之；曹持敏之母亦率一家赴難；〔註26〕張羅善及其妻女三人投井而避賊殉國；〔註27〕另有衛景瑗之母，楊鶴之母，姚士忠之女，孟章明之妻，馬世奇之妾……皆為有明殉其身；亦有為夫死而殉夫者如楊希閔之妻汪氏、孫思道之妻孫氏……等等，〔註28〕皆無以勝舉。要之，都得在「倫理」一義之下審視之，始知貞節觀念影響朱明一代的婦女非常之深。

復者，明末出現了「無才便是德」一語，流行甚廣，其影響亦流被至現代，可謂十分深遠。而我們探討此話何以產生於明季，實在出於有才多不能貞與有才多薄命的兩層意思。〔註29〕如果前述的分析可以直指明代婦女生活的真象，則於此實也不難明白「無才是德」此話，跟明代婦女貞節觀念的運行結果所致有所關聯的道理。

四、貞節觀念對婦女的影響

從前述的殉節守志觀之，「貞節」的意義顯然超越了「生命」的意義，與程子所言之失節比餓死事大的意義完全相侔。在這樣的意義情境下，明代婦女地位的卑賤乃可以概見。由此，本小節擬以「性」（Sexual）的觀點再探貞節觀念對婦女所產生的各種影響，應是可以考慮的。因為貞節觀念使兩性之間的差異，比起明代以前的歷代都尤為深刻，而由之引起的不平等待遇也格外的明顯。

明太祖對婦女的態度，一直影響後代。他命儒臣修女誡纂列女傳，使後世子孫知所當持守。〔註30〕又頒「紅牌」以戒諭后妃，〔註31〕並折衷漢唐女官職制之數目，女史女官裁減甚多，〔註32〕都是秉持「治天下者，正家為先」的觀念，首嚴內教。不特如此，宮中一切日常需用，不論后妃嬪御女史均經尚宮司奏領取旨，再由內使監覆奏方能領取。嬪以下有病只能憑證取藥，醫者不能入宮（筆者按：此處指男醫生，醫婆則可）。〔註33〕太祖的家法嚴格，於此可見。而其嚴格，為的是男女甄別，並使女性受到許多規制的拘限。

〔註26〕 徐嘯天，《神州女子新史》（臺北：食貨月刊社，1978 重印本），頁 178。

〔註27〕 徐嘯天，《神州女子新史》，頁 160。

〔註28〕 《明史》，頁 2089。

〔註29〕 陳東原，《中國婦女生活史》，頁 188～202，又 J. F. Handlin, *Lu Kun's new audience in Women in Chinese Society*, pp 13-38.

〔註30〕 《明史》，卷 113，列傳 1，頁 3503。

〔註31〕 《明史》，頁 3503。

〔註32〕 《明史》，頁 3503～3504。

〔註33〕 《明史》，頁 3504。

在民間的婦女，經過貞節觀念的洗禮之後，也是男女嚴別。若是寡婦，不但不能涉及性的淫巧，即使皮膚手臂亦不能男子所「碰」，甚至連「看」都不行，否則即認爲污辱，而於貞節有虧。貞節觀念推行到這樣的程度，實在有點不可思議了。〔註34〕然而，反觀男性，則可以納妾，行使實質的一夫多妻制，〔註35〕男人還有出妻的權利，〔註36〕換言之，男人可以縱慾，可以嫖妓納妾；女人則必須守節，守著一生只有一夫的原則，兩性之間的立足點不平等，簡直有霄壤之分，而社會上即充斥著這種雙重的道德標準，〔註37〕明代婦女的貞節觀遂使男女兩性趨於兩極化（Polarization）。

這種兩極化的現象在上階層的宮室貴族更可以得到充分的證實，歷代皇帝可置三宮六院，皇帝可御幸者必眾。明代諸帝中，以武宗最爲荒淫，由史述來看，更是無所不來，極盡淫穢之能事，寡婦處女毀於其手者無以計數；〔註38〕但是反觀明代的公主，在太祖家法與時代貞節觀念的薰陶下，竟無一人有再改嫁的記錄。〔註39〕

談到處女，男性對處女的偏好，也與貞節觀念的盛行有關，男性對處女膜看得很重，因爲它代表著是不是「守禮謹嚴處女」的意義，亦即與貞節的觀念重合。不只男性重視，女性自身也以此事爲當然。明清甚至現代，還有以那如紙的薄膜做爲判斷處女與是否貞節的憑據。當然，此事的公正性或合理性究竟如何？實則勿庸多言了。

五、結　論

考察明代婦女的貞節觀念，方法應有很多。本篇短文爲求扼要掌握貞節觀念的題旨，僅提意理型態、倫理、性（別）三個角度對它作若干的探討，而文中出之以貞節觀念的形成凝鑄過程及其於當代社會的運作及影響，期對明代婦女的歷史風貌有一正確的描繪。

〔註34〕陳東原，《中國婦女生活史》，頁177。

〔註35〕參蔡獻榮，〈中國多妻制的起源〉，《新社會科學季刊》1：2，（1934），頁177～198。

〔註36〕男子有七出的便利。七出：不順父母、五十以上無子、淫佚、妬忌、惡疾、多言、盜竊。

〔註37〕鮑家麟，《中國婦女史論集》，序，頁2；陳東原，《中國婦女生活史》，頁139。

〔註38〕陳東原，《中國婦女生活史》，頁214～215。

〔註39〕董家遵，〈從漢到宋寡婦再嫁習俗考〉，鮑編《中國婦女史論集》，頁161。

　　以貞節觀念作爲一種意理型態而言，貞節變成思想的一部分，構成了貞節觀念的制度化與宗教化。以貞節觀念作爲一種倫理的意義而言，則貞節實際即爲道德的一部分，著重在名份與節義。以貞節觀念作爲性別區分來言，則男尊女卑，所在多是。婦女的人格、名譽、地位皆與貞節有關，《明史》對貞節譽爲存性係倫，保正氣而別人禽的非常之行，〔註 40〕以歷史觀點言之，是確有其理的；但以現代的觀點言之，則貞節觀念難免有違人性壓抑人性之失，其爲封建式的道德，殆無疑義，如此，於今是否有再保留或強調的價值就很有商榷的餘地了。

〔註 40〕《明史》，頁 2079。

《三國志》《後漢書》東夷倭傳比較*

一、前 言

　　本文專取范曄《後漢書》與陳壽《三國志》對有關日本的記載作一簡略的排比對照，再以之為基礎，尋出若干小問題，以窺兩個相往來的事象。由於時代久遠，交通不便，日本在《後漢書》與《三國志》兩書的記敘體裁之內，僅被列為東夷列傳之一，與烏丸（又作烏桓）、鮮卑、朝鮮並敘，且被稱為倭人，顯見當時係受史冊記載書法體例的圍限所致，且在文化的意義範疇之內，亦被賦與一種貶義。這些現象，在今日看來，已屬不必要，吾人視之為一種歷史現象即可。

　　由於本文僅作小範圍的史料排比而已，並不做大問題的搜尋，故涉及範圍十分有限；加之相關文獻蒐求不易，似未見有專文論此者可資參考，益添本文之侷限性。大雅方家，幸教益之。

二、兩書有關東倭的史料排比及其解釋

　　正史之中對日本有關的記載，或可追溯至《史記》《漢書》，所記為徐市（或稱為徐福）入海求僊或說是徐市海外移民之事，〔註1〕據專家學者的研究，徐福所曾到過的蓬萊即今之日本。〔註2〕這是最早的描述。然其所記偏於泛泛，不甚完整與精確，有關其地之風物民俗與人情，若非語焉不詳，即是隻字難得，欲得梗概，已殊為難能，更求充分圖象，則遑如緣木求魚？

---

* 本文原刊於《中國書目季刊》24：4（台北，1991.3），頁3～10。

〔註1〕《史記》（臺北：鼎文書局，1986，第3版）卷6，〈秦始皇本紀〉，頁247。
〔註2〕梁嘉彬，〈琉球古今見聞考實〉，《東海學報》2：1，頁14～15。並可參氏著，
　　　　〈論隋書流求為臺灣說的虛構過程及其影響〉，《東海學報》1：1。

至《三國志》《後漢書》出，始有比較詳細的記載，其所在之方位距離，氣候物產，風俗習慣，乃至與中國的特殊往來都有較為明確的描繪，吾人據此始可以較為瞭解中國東夷外族之中的倭種（Ainus）。陳《志》范《後》之比馬班《史》《漢》詳細，純是年代使然，時代愈後，所悉愈多所致。因而，正史之中記載倭人較為詳細的，實應以《國志》與范《後》為始。而范書所記雖是後漢，比陳壽所記獨早，但因范書成書較遲，[註3] 故確切而言，對有關東倭有正式詳細記載的要算始自西晉陳壽所撰的《三國志》才是。以下本文即就兩書所載倭人傳的內容，加以分類成六個項目（詳見表中），細觀兩傳的異同，來輔助瞭解漢魏之時所謂的東夷——日本。[註4]

	後漢書（范曄）	三國志（陳壽）
方位	倭在韓東南大海中，依山島為居，凡百餘國。……其大倭王居邪馬台國。樂浪郡徼，去其國萬二千里，去其西北界拘邪韓國七千餘里。其地大較在會稽東冶之東，與朱崖、儋耳相近，故其法俗多同。	倭人在帶方東南大海之中，依山島為國邑。……從郡至倭，循海岸水行，歷韓國，乍南乍東，到其北岸狗邪韓國，七千餘里，始度一海，千餘里至對馬國，……瀚海……末盧國……伊都國……皆統屬女王國，……奴國。
鄰國	未載	……千餘里至對馬國。……又南渡一海千餘里，名曰瀚海，至一大國，……又渡一海，千餘里至末盧國，……東南陸行五百里，到伊都國。有千餘戶，世有王，皆統屬女王國。……東南至奴國百里……，東行至不彌國……南至投馬國……南至邪馬壹國。……自女王國以北，其戶數道里可得略載，其餘旁國遠絕，不可得詳。次有斯馬國，次有已百支國，次有伊邪國，次有都支國，次有彌奴國，次有好古都國，

〔註3〕范曄《後漢書》成書於西元 424～444 年之間；《三國志》則成于晉初武帝太康年間（280～290），故范書後於《國志》甚久，說見金靜庵，《中國史學史》（臺北：鼎文書局，1974，排印本），頁 67～68。

〔註4〕表中資料之來源，有關《三國志》者，多取自新校本《三國志》（臺北：鼎文書局，1978）《魏書》卷30，〈烏丸鮮卑東夷傳〉，頁 854～863。《後漢書》部分者，則採自新校本《後漢書》（臺北：鼎文書局，1978），卷83〈東夷列傳〉第75，頁 2820～2823。

		次有不呼國，次有姐奴國，次有對蘇國，次有蘇奴國，次有呼邑國，次有華奴蘇奴國，次有鬼國，次有爲吾國，次有鬼奴國，次有邪馬國，次有躬臣國，次有巴利國，次有支惟國，次有烏奴國，次有奴國，此女王境界所盡。其南有狗奴國，男子爲王，不屬女王。自郡至女王國萬二千餘里。
氣候及物產	土宜禾稻、麻紵、蠶桑，知織績爲縑布。出白珠、青玉。其山有丹土。氣溫腝，冬夏生菜茹。無牛馬虎豹羊鵲。	倭地溫暖，冬夏食生菜，皆徒跣。種禾稻、紵麻、蠶桑，緝績出細紵、縑緜。其地無牛馬虎豹羊鵲。……出眞珠、青玉。其山有丹，其木有柟、杼、豫樟、揉櫪、投橿、烏號、楓香，其竹篠簳、桃支。有薑、橘、椒、蘘荷，不知以爲滋味。有獮猴、黑雉。
風俗習慣	男子皆黥面文身，以其文左右大小別尊卑之差。其男衣皆橫幅結束相連。女人被髮屈紒，衣如單被，貫頭而著之；並以丹朱坋身，如中國之用粉也。有城柵屋室。父母兄弟異處，唯會同男女無別。飲食以手，而用籩豆。俗皆徒跣，以蹲踞爲恭敬。人性嗜酒。多壽考，至百餘歲者甚眾。國多女子，大人皆有四五妻，其餘或兩或三。女人不淫不妒。又俗不盜竊，少爭訟。犯法者沒其妻子，重者滅其門族。其死停喪十餘日，家人哭泣，不進酒食，而等類就歌舞爲樂。灼骨以卜，用決吉凶。行來度海，令一人不櫛沐，不食肉，不近婦人，名曰「持衰」。若在塗吉利，則雇以財物；如病疾遭害，以爲持衰不謹，便共殺之。	男子無大小皆黥面文身。今倭水人好沈沒捕魚蛤，文身亦以厭大魚水禽，後稍以爲飾。諸國文身各異，或左或右，或大或小，尊卑有差。……其風俗不淫，男子皆露紒，以木緜招頭。其衣橫幅，但結束相連，略無縫。婦人被髮屈紒，作衣如單被，穿其中央，貫頭衣之。……有屋室，父母兄弟臥息異處，以朱丹塗其身體，如中國用粉也。食飲用籩豆，手食。其死，有棺無槨，封土作冢。始死停喪十餘日，當時不食肉，喪主哭泣，他人就歌舞飲酒。已葬，舉家詣水中澡浴，以如練沐。其行來渡海詣中國，恆使一人，不梳頭，不去蟣蝨，衣服垢污，不食肉，不近婦人，如喪人，名之爲持衰。若行者吉善，共顧其生口財物；若有疾病，遭暴害，便欲殺人，謂其持衰不謹。……其俗舉事行來，有所云爲，輒灼骨而卜，以占吉凶，先告所卜，其辭如令龜法，視火坼占兆。其會同坐起，父子男女無別，人性

		嗜酒。見大人所敬，但搏手以當跪拜。其人壽考，或百年，或八九十年。其俗，國大人皆四五婦，下戶或二三婦。婦人不淫，不妒忌。不盜竊，少諍訟。其犯法，輕者沒其妻子，重者滅其門戶。及宗族尊卑，各有差序，足相臣服。收租賦。有邸閣國，國有市，交易有無，使大倭監之。
女王國之地位	桓、靈閒，倭國大亂，更相攻伐，歷年無主。有一女子名曰卑彌呼，年長不嫁，事鬼神道，能以妖惑眾，於是共立爲王。侍婢千人，少有見者，唯有男子一人給飲食，傳辭語。居處宮室樓觀城柵，皆持兵守衛。法俗嚴峻。自女王國東度海千餘里至拘奴國，雖皆倭種，而不屬女王。自女王國南四千餘里至朱儒國，人長三四尺。自朱儒東南行船一年，至裸國、黑齒國，使驛所得，極於此矣。 會稽海外有東鯷人，分爲二十餘國。又有夷洲及澶洲。傳言秦始皇遣方士徐福將童男女數千人入海，求蓬萊神仙不得，徐福畏誅不敢還，遂止此洲，世世相承，有數萬家。人民時至會稽市。會稽東冶縣人有入海行遭風，流移至澶洲者。所在絕遠，不可往來。	其國本亦以男子爲王，住七八十年，倭國亂，相攻伐歷年，乃共立一女子爲王，名曰卑彌呼，事鬼道，能惑眾，年已長大，無夫壻，有男弟佐治國。自爲王以來，少有見者。以婢千人自侍，唯有男子一人給飲食，傳辭出入。居處宮室樓觀，城柵嚴設，常有人持兵守衛。 女王國東渡海千餘里，復有國，皆倭種。又有侏儒國在其南，人長三四尺，去女王四千餘里。又有裸國、黑齒國復在其東南，船行一年可至。參問倭地，絕在海中洲島之上，或絕或連，周旋可五千餘里。
與中國之關係	建武中元二年，倭奴國奉貢朝賀，使人自稱大夫，倭國之極南界也。光武賜以印綬。安帝永初元年，倭國王帥升等獻生口百六十人，願請見。	景初二年六月，倭女王遣大夫難升米等詣郡，求詣天子朝獻，太守劉夏遣吏將送詣京都。其年十二月，詔書報倭女王曰：「制詔親魏倭王卑彌呼：帶方太守劉夏遣使送汝大夫難升米……以到。汝所在踰遠，乃遣使貢獻，是汝之忠孝，我甚哀汝。今以汝爲親魏倭王，假金印紫綬，裝封付帶方太守假授汝。其綬撫種人，勉爲孝順。……悉可以示汝國中人，使知國家哀汝，故鄭重賜汝好物也。

		正始元年，太守弓遵遣建中校尉梯儁等奉詔書印綬詣倭國，拜假倭王，並齎詔賜金、帛、錦罽、刀、鏡、采物，倭王因使上表答謝恩詔。……（往後繼續來往不輟）

　　由上列之表中，可以發現兩書對東倭之描述，大致相似，此可以說明兩書之間存在著某種承續的關係。先就兩書有關倭人的描述字數與敘述詳盡的程度而言，據筆者初步估計，《三國志》費辭 1981 字（不含標點符號）來記載漢末魏初東瀛的種種，〔註5〕自比《後漢書》的 676 字來得詳盡。《後》書用辭較簡的原因，大致可分析如下：（一）《後》書晚出，有《國志》《漢書》可資取材，煩省之間可以再度有所翦裁；（二）范曄用辭典雅，常以文傳意，以意爲主，故其詞不流；〔註6〕（三）就表中六項內容的實際觀察所得，范書未對倭國的鄰國作任何文字的描繪，省辭不少；且於其他項目，如物產一項，即未若《國志》詳密，自亦可用字較少也。

　　上述雖用字數來區別詳簡，但所舉理由的（一）（二）兩則，亦可秉以說明後出的范書與《國志》有沿承的淵源，不就其他卷數來言，僅以本文所論之東夷列傳的內容而論，甚至即就表中的所述有關倭人的文字，即可用以說明《國志》比起范書而言，應是第一手資料，價值比范書的倭人傳要高。不過，此一說法，並不意味著范書〈倭人傳〉一無可取，相對而言，范書因有傳承，加以史才復高，其「文省事核」的優點亦從而可證。

　　字數的懸殊，只是兩傳本質差異的一端而已。最重要的是應問兩傳的內容撰寫是否有誤？既然上面的文字多少披露兩書的先後次序，則晚出的范書是否有舊志所沒有的新資料或新看法？也是本文在比較兩傳時應需涉及到的。

　　陳壽寫〈東夷傳第三十〉時，最後曾說：

　　　　《史》《漢》著朝鮮、兩越，東京撰錄西羌。魏世匈奴遂衰，更有烏

　　　　丸、鮮卑，爰及東夷，使譯時通，記述隨事、豈常也哉！〔註7〕

〔註5〕《三國志》，卷30有云：「……其習俗、前事，撰漢記者已錄而載之矣，故但舉漢末魏初以來，以備四夷之變云。」見頁832。

〔註6〕《宋書》（臺北：鼎文書局，菊本，1980）卷69，列傳第29〈范曄傳〉，頁1830。

〔註7〕《三國志》，頁858。

說明他記載東夷是《史》《漢》所未有，《史》《漢》只寫到朝鮮兩越而已。另外也披露他記載的〈東夷列傳〉是「使譯時通，記述隨時」的來源與方法，因而有關東夷的種種，可說大部分都來自原料性質頗高的見聞，後再經由他整理出來的。尤其有關日本的倭人諸國，是正史之中的第一筆。因此，內容應有相當程度的可信性。至於《後漢書》的東夷列傳，所推溯的年代較爲荒遠，及至於傳說時代的唐堯，可信度自較《國志》略遜一籌。唯其所述〈倭人傳〉一隅，因取材於《漢書》《國志》者較多也較有跡可尋，因而可信度應視爲與《國志》等相齊觀。在范蔚宗的眼光裏，東夷不比其他域外之民。他說：

> 東夷通以柔謹爲風，異乎三方者也。苟政之所暢，則道義存焉，仲尼懷憤，以爲九夷可居。〔註8〕

實際就范氏的寫法裏，東夷所在是中國本部政治文化黯淡時期，賢者如箕子、孔子想出奔的地方。〔註9〕這點在僅述漢末魏初的《國志》是看不到的。然《國志》似較寫實。

至於范書後出，在史料上，由上表的審視當中，在「女王國之地位」一欄內，可以發現《後漢書》加上：

> 會稽海外有東鯷人，分爲二十餘國。又有九洲及澶洲。傳言秦始皇遣方士徐福將童男女數千人入海，求蓬萊神仙不得，徐福畏誅不敢還，遂止此洲，世世相承，有數萬家。人民時至會稽市。會稽東冶縣人入海行遭風，流移至澶洲者。所在絕遠，不可往來。〔註10〕

是《國志》中原來所無的。此段所提及的東鯷人、夷洲、澶洲，大致可以參見《漢書·地理志》：

> ……會稽海外有東鯷人，分爲二十餘國，以歲時來獻見云。〔註11〕

> ……樂浪海中有倭人，分爲百餘國，以歲時來獻見云。〔註12〕

〔註 8〕《後漢書》，頁 2822～2823。

〔註 9〕《後漢書》，頁 2823。

〔註10〕引自《後漢書》，頁 2822。《太平御覽》收有沈瑩《臨海水土志》曰：「夷洲在臨海東海，去郡二千里，土地無霜雪，草木不死，四面是山谿。人皆髡髮穿耳，女人不穿耳。土地饒沃，既生五穀，又多魚肉。此夷舅姑子婦臥息共一大牀，略不相避。」可輔資了解夷洲。

〔註11〕《漢書·地理志下》（臺北：鼎文書局，菊本，1984，3 版）卷 28 下，頁 1669。

〔註12〕《漢書·地理志下》，頁 1658。

有關夷洲、澶洲者，則參《三國志‧吳書》帝紀，可悉：

> ……遣將軍衛溫、諸葛直將甲士萬人浮海求夷洲及澶洲。澶洲在海
> 中，長老傳言秦始皇帝遣方士徐福將童男童女數千人入海，求蓬萊
> 神山及仙藥，止此洲不還。世相承有數萬家，其上人民，時有至會
> 稽貨布，會稽東縣人海行，亦有遭風流移至澶洲者。所在絕遠，卒
> 不可得至，但得夷洲數千人還。〔註13〕

范《後》的這些記載，可再爲前說之一證——《後漢書‧倭人傳》只能作爲
二手資料。然而《後漢書》增多的這些史料，似未能說得非常正確。蓋文中
的倭人、東鯷人，實際只是一種人，並非不同人種，此點范氏未能明鑒。根
據梁嘉彬氏的研究，梁氏曾對前引《漢書‧地理志》所寫燕地與吳地之倭人
與東鯷人作一說明，有云：

> 前漢時，華北人出海，以樂浪郡南之島嶼民族統稱爲「倭人」，華南
> 人出海，以會稽郡東之島峰民族統稱「東鯷人」，此僅緣車北稱謂不
> 同，學者不可不察。班固廣收南北史料而成《漢書》，原亦未知吳人
> 所謂「東鯷」是即燕人所謂「倭人」也。〔註14〕

梁氏所云，似甚可參考。可用來引證《後漢書》直接鈔引《漢書》，而以倭人、
東鯷人、夷洲及澶洲屬之於東夷列傳，是范氏未能審辨其所引之史料也。

梁氏還以海流的方向，以倭地氣候物產及諸史籍來推證《三國志》中之
澶洲即今之日本，夷洲即今之琉球。〔註15〕唯兩地究係今之何地？並無定論。
亦有日籍學者以爲澶洲是珠崖，夷洲是臺灣的說法，〔註16〕且兩說各執其是，
迄今仍爲學者所樂辯。然而，若以後說爲是，則珠崖臺灣之澶洲與夷洲，是
否應當寫入《後漢書》中的〈東夷列傳〉，在書法上亦應當有點問題。范氏落
筆之初，或未料到所增列出來的一段文字，竟然留有後世學者幾多思索的園
地！

〔註13〕 《三國志‧吳書》，卷47，頁1136。
〔註14〕 梁嘉彬，〈流求史論正謬〉，見《琉球及東南諸海島與中國》（臺中：東海大學
　　　　 出版社，1965），頁107～160，或參註2引文。
〔註15〕 梁嘉彬，〈三國時代夷洲考〉，同前註引書。
〔註16〕 市村瓚次郎，〈關於唐代以前福建及臺灣〉，原載《東洋學報》8：1（大正7
　　　　 年），引見前註書，頁181～190。

三、結　論

　　從上文的敘述，吾人可知《三國志》是第一本正式記載倭人的正史。《後漢書》踵繼其後。不明著書時代先後者，或以《後漢》居前《國志》在後，發生以後證前，前後倒置的史學方法上的紕漏。本文糾舉兩書之倭人傳列表作爲比較，由字數的多寡、內容的正誤及新舊史料的並陳，分方位、四鄰、氣候物產、風俗習慣、女王國之地位及其對中國的特殊關係六項內容析視之，來了解兩書倭傳的異同。並約略指出《後漢書》倭傳中許多鈔引前書史料之時，將同一種倭人視爲數種東夷民族的錯誤。

　　由本文簡略的排比對照，我們還因而可以知道東北亞通古斯系（Tungus）的鄰族，與中國早已有所交通，兩書對其民族與文化都略有交待，因而在雙方的交通史上自是不乏有其意義；另外，由於是第一次比較有系統地正式記載倭人狀況，在史學史上《三國志》的貢獻因而不可抹滅。至於學者常以之與日本的《古事記》（A.D.712）《日本書紀》（成於 A.D.720）相互闡證，更是功效良多。復者，魏晉之際與東夷倭人之間的來往，朝貢應聘之事迭嘗進行，則兩書之於當代在外交情報的了解，或亦有些許參考價值。

由未來學的發展看西洋現代文化的未來：以 V. C. Ferkiss 的論文為基礎*

一、前　言

　　長久以來，「未來」並未單獨構成一門學問，直到晚近二三十年，「未來」始被正式地納入學術體系，當作一種專門學術來研究與當作一種專門知識來傳播。

　　研究未來的風氣首先肇始於西歐，短期間內即瀰漫全球。近二三十年來，各國未來學的機構更加雨後春筍般地設置，人員編制亦不斷增擴，蔚為一股熱潮。筆者對於此種現象，植有深趣，而且基於個人未來意識的浮顯，擬以此中未來學名家佛基斯（Victor C. Ferkiss）的鴻文〈未來學：約定、實踐與展望〉為中心，〔註1〕略抒未來學的發展與近代西洋文化的關係。文中最後並同時指出一個站在東方人的立場，對於未來學在發展茁壯過程中的一種寄望。

二、現階段以前的未來學與西方文化的傳統

　　何謂未來學？佛基斯的大文並未為之界定，此諒係佛氏已經假定讀者具有一定的認識水平所致。此處為完整性起見，略加補充說明，依賴金男博士的說法：

---

* 本文原載《思與言》29：3（台北，1991.9），頁 189～205。

〔註 1〕Victor C. Ferkiss, *Futurology, Promise, Performance and Prospects*（London: Sage Publications, Beverly Hill, 1977）pp.1-65，以下註釋僅簡稱作者姓氏及引用頁數。作者係美喬治城大學（Georgetown Univ.）教授。

未來學是一種追求辨認分析與評估人類生活和世界未來可能變遷的
研究活動。換言之，未來學是以現實基礎來維持未來的獨特展望性。
這種對未來的重視，提供了一些有組織的原則，根據這些原則再去
創造一個思想和行動的未來時間架構，進而使得人類能夠在未來的
歲月中，用更多的智慧去處理人類的文明。〔註2〕

準此，可見未來學的意旨所在，十分宏遠。

未來學於五〇年代左右最先始於英法。〔註3〕法國著名的政治科學家朱文
納勒（Betrand de Jouvenel）是其中一位先驅，他是有關「可能的未來」
（Futuribles）一詞的創造者，並在《推測術》（*L'Art de la Conjecture*）一書中
所呈現的未來觀影響了絕大多數的未來學者。〔註4〕美國、西德即深受其影響
與啓示。〔註5〕此後在六〇年代各先進國家即風起雲湧，不斷投入人力、財力、
物力以發展這門學問，終至鼎盛一時，幾爲顯學。其發展情況，可由下段所
述知之。

美國針對研究未來學頒授學位的大學，1969 年只有 2 所，到了 1978 年增
至 45 所以上；世界未來學會會員，1967 年只有 200 人，1979 年增至 49,000
人；以研究未來爲主題之一般性或專門性雜誌，在 1965 年有 12 家，在 1978
年大幅增加至 122 家。〔註6〕另一方面，由大學之中多設有未來學院（College
of Futurism）以及應修課程的增多，也可看出未來學的盛況已不亞於一些歷史
悠久的科系。〔註7〕

〔註 2〕賴金男，《未來學導論》（台北：驚聲文物供應公司，1984 年，修訂再版），頁
　　　　10。
〔註 3〕Ferkiss, p.12。
〔註 4〕賴金男，《未來學導論》，頁 43。
〔註 5〕Ferkiss, p.12。
〔註 6〕見 John Naisbitt 原著，潘祖銘譯，《大趨勢（*Megatrends*，1982）》（台北：志
　　　　文出版社，1984），頁 55～56。除此數據外，台灣師範大學歷史研究所鄧元忠
　　　　所長亦提示在 1969～1972 年，美國有 90 多個大學開辦未來學課程，到 1973
　　　　～1975 年，則增至 150～175 個大學。可見在 80 年代以前，確實越來越盛，
　　　　甚至法國 Universite dis Shences Socialesde Grenoble 更設有未來學博士學位。
　　　　然而，自 1980 年以後，則逐漸有走下坡之勢，未來學會人員大多轉身投入環
　　　　保、婦女解放運動或綠黨的行列之中，雖然這些運動仍有未來意識在內，但
　　　　已不若前時之盛了。
〔註 7〕據 Peace and World Order Studies（1984）所列未來學課程應修者已有八十幾門
　　　　之多。

　　未來學的發展，何以能在短短數十年之間即有此斐然的成績可言？吾人推究其原因，恐與其本身的性質與歷史淵源有所關聯。以下即循此線索敘之。

　　本質上，未來學是社會學（Sociology）和科技（Scientific technology）的合成物。〔註 8〕社會思想的發展，從早期雅典學派柏拉圖理想國的烏托邦理念，歷中世紀基督教教義，以迄於近世啓蒙時代的若干名家如土高（Anne Robert Jacques Turgot 1727～81）康道塞（M. de Condorcet 1743～94）聖西蒙（Henri Comte de Saint Simon 1760～1825）孔德（A. Comte 1798～1857）〔註 9〕……所發展出來的社會學理論，都是未來學的依傍與承緒之所在；轉至十八世紀以後，西方文明邁入工業化時代，社會發生劇烈變化，孔德以來的社會學傳統爲工業主義（industrialism）立了開山之功，〔註 10〕實證客觀分析與科學的思潮匯成一股巨流，改變了歷史面貌，一個由 18 世紀往上推一萬年以降的農業社會，至此幡然變成工業社會（industrial society）。〔註 11〕工業社會本意是指社會生產力透過機械化技術與工廠系統的應用，爲社會帶來一場絕大的轉變，不寧如此，它也意味著社會的都市化（urbanization）俗世化（secularization）思想制度與行爲的合理化（rationalization）意識與行動的個人化（individualization）以及家庭生活、政治與文化上的許多其他變遷，如此巨大的改變，對當時的一些社會思想家產生了極大的衝擊性。史賓塞（H. Spencer）涂爾幹（E.Durheim）關切舊秩序瓦解以後所帶來的危機，於是他們主張根據社會組織與社會道德的新原則，敦促快速「重整」社會；而馬克思（K. Marx）與韋伯（M. Weber）則預見到工業社會在形式上是資本主義式的，它必然會導致反人性與機械化；托克維爾（Alexis de Tocqueville）與彌爾（J. S. Mill）則認爲新社會的基本特質乃是「追求平等的熱情」（passion for equality），而此特質將驅使社會走向一種清一色的不分種族（如白、黑人）或階級（如貴族、平民）的大眾社會。〔註 12〕

〔註 8〕Ferkiss, p.7.

〔註 9〕曼紐爾（F. E Manuel），《巴黎先知》，引自庫馬（Krishan Kumar）原著，蔡伸章譯，《社會的劇變（*Prophecy and Progress*）》（台北：志文出版社，1984），頁 19。

〔註 10〕庫馬博士，《社會的劇變》，頁 61。

〔註 11〕赫曼康恩等，《未來的探測（*The Next 200 Years*, 1974）》（台北：志文出版社，1984），頁 3，44。

〔註 12〕參庫馬，《社會的劇變》，頁 61。

　　且不論上述諸位秀異的社會思想家抱持何種看法，他們都敘述並說明了他們親歷其境的時代鉅變，並且提供了未來社會發展的模型與建言。譬如，最有名者有孔德和馬克思都提出人類歷史發展三階段的看法。孔德以為人類社會經過了神學與形上學兩階段之後，正進入最後的科學或實證的階段。而馬克思則更嚴密地以為第三個階段（社會主義與共產主義）克服並消除了第二階段（奴隸、封建與資本主義社會）社會的異化，而恢復到第一個原始社會階段的道德狀況（但具有更高的水平）。他們的構想與中古基督教「天國」或上古希臘哲思的傳統一樣，目標都是在未來建造一個絕美的世界。此即未來學的第一個傳統──烏托邦世界。〔註 13〕這個傳統在西方近世文化的脈流傳承上非常清晰易見。

　　第二個傳統則是科幻小說。〔註 14〕這是進入工業社會科學主義盛行之後所產生的，但溯其源頭，科幻小說與烏托邦傳統亦有關係，只是到近一世紀才因科學和科技的結合而產生。科幻小說家以其豐富奇特的聯想力，描繪出因科技的方便與利益帶給未來世界的美景，使人遁入一理想世界。在現階段以前的未來學發展，它是瞻望未來社會和文化的前驅。尤其科幻小說描述的某些科技幻想，實際已獲實現，而更有其激發力。〔註 15〕這個傳統下的名著，大致有赫胥黎的《美麗新世界》（1932），布吉斯（Anthony Bugers）的《裝上發條的桔子》（*A Clockword Orange*, 1962），〔註 16〕克拉克（A. C. Clark），《太空序曲》（*Prelude to Space*, 1952），《童年的結束》（*Childhood's End*, 1953），歐威爾（G. Orwell）的《1984》，石川達夫的《2027的世界》等等。〔註 17〕

　　當然，其中也有若干科幻小說家持著待死托邦（dystopia）或反烏托邦的看法，他們描繪科技進步的未來只會奴役人類使人類機械化、反人性。〔註 18〕就如同上列作家赫胥黎、歐威爾或石川達夫寫作他們的大著時的心情一樣，他們藉著他們的寓言小說來警示世人，用意可謂至善。譬如歐威爾就曾預言電腦進步到某一程度，會幫助政府加強控制個人，但實際情形似非如此，我

〔註 13〕Ferkiss, pp.6～7.
〔註 14〕Ferkiss, p.6.
〔註 15〕庫馬，《社會的劇變》，頁 224。
〔註 16〕Ferkiss, p.8.
〔註 17〕賴金男，《未來學導論》，頁 85。又，Ferkiss, p.9. 46。
〔註 18〕Ferikss, p.9.

們已知電腦只會加強個人的力量，提昇個人的價值。這個現象，在先進國家甚至某些共產國家確是如此的。〔註19〕

有了以上兩個傳統，然後在現代社會意義之下，以（一）瞭解（understanding）（二）預測（prediction）（三）控制（control）三項觀念來開展未來學的內容。〔註20〕以最簡單的語言來說，即是瞭解人類社會現存的事實與問題（如生態保育或台灣的治安與交通），並推測它可能的發展與結果，從而研究其控制的辦法，它們所有的目標都是在造就人類更美好的社會。

未來學就在以上的諸項要件下，與西方近代文化的發展相配合，在六○年代逐步壯大。也就是說未來學雖有其優良、長遠且豐富的傳統，但蔚爲一門有系統、有價值的學術體系則是邇近之事。從未來學的先期人物如前面提到的朱文納勒，還有密德（M. Mead）席柏格（Glenn T. Seaborg）赫曼康恩（Herman Kahn）……等等，〔註21〕大都在六○年代前後之間開始大力提倡；和蘭德公司（Rand Corportation，1948）國際未來學會（The International Futuribles Association）世界未來學會（The World Future Society）或史丹福大學的未來研究所、赫德遜研究所（Hudson Institute 1961）……等等有名的政府機構與學術團體設置種種智囊團（Think Tank）〔註22〕與委員會來看，此時正是西方文化進入工業社會的頂峰時期。〔註23〕依赫曼康恩的說法，人類從農業社會轉入工業社會是在 1776 年左右，〔註24〕則對 1960 年代開始蓬勃發展的未來學而言，正好處於工業社會發展的頂端。科學主義在此時仍是社會發展的主導力量之一，此時西方文化仍籠罩在啓蒙思想後崇拜科學的意識形態之下。〔註25〕未來學與此種意識形態甚有關聯。然而，在這種意識形態之下的西方社會有何特色？則不能不附帶提敘之，蓋一來可與下節的內容做一明

〔註19〕 奈斯比特原著，尹萍譯，《2000 年大趨勢（*Megatrends 2000*，1990）》（台北：天下出版社，1990）頁 8，90。不過，有趣的是歐威爾去世之後，他的夫人不承認他先生寫的是科幻小說。語見：張系國編，《當代科幻小說選II・附錄》（台北：知識系統出版公司，1985）頁 233。

〔註20〕 Ferikss, p.6.

〔註21〕 賴金男，《未來學導論》，頁 37～120。

〔註22〕 Ferkiss, pp.10～13.

〔註23〕 庫馬，《社會的劇變》，頁 286。

〔註24〕 H. Kahn 的這項說法未必獲得一般學者的贊同。康恩的說法，可見於蔡伸章譯，赫曼康恩等著，《未來的探測（*The Next 200 Years*）》（台北：志文出版社，1984），第一章。

〔註25〕 鄧元忠，《西洋現代文化探微》（台北，1985）第一章。

顯的區分，使未來學的性質更加凸顯；一來也可在社會學的視野下，來看科技在西方近世文化的影響，並從而釐清前此階段的農業社會（前工業社會），與後此階段的後工業社會的區分。

工業社會的特徵表現在下列幾項：（一）都市化：工業革命的發源地英國，其都市化最早。人口從鄉村移進，聚居於城市，城市人口自然增多，城市數目也激增，其人口佔全部總人口的比例也增長很多。〔註26〕（二）人口變遷：人口成長速率快，造成人口的革命，1940～1960之間，世界人口從25億劇增到32億，人口數超出1800年世界的總人口，人口增長對工業化有所幫助，其理不言可喻，但人口的激增，也往往造成新的社會與政治的問題，這點在目前的台灣即可親切感受到。如果人口變遷難以控制，則可能變成工業社會的隱憂之一。〔註27〕其他特徵尚有（三）舊社區沒落；（四）專業與分工；（五）集權化與民主化；（六）世俗化、理性化與官僚化等。〔註28〕

這些特徵都是一些偉大的社會思想家如馬克思、涂爾幹、韋伯等人的精見宏論。這些論見已普獲贊同，並被許多論著所樂於引用。本文僅作綱要式的提述，目的在取得一般的印象，做為與下節內容的對比而已。這些綱目下所含攝內容的廣度與深度，本文已經假定同意，所以不多作思考的發揮。

三、現階段以後的未來學與西方文化的展望

正如鄧元忠教授在其大作《西洋現代文化探微》中的精闢見解一樣：目前人類的文化已抵達一史無前例的交叉口或轉捩點。〔註29〕本文以未來學的觀點來看，這個現象在現階段的西洋文化，正可以說就是從工業社會邁向後工業社會（Post-industrial Society）的關鍵中。〔註30〕

工業社會在1960年代產生了若干問題，暴露了工業主義的黑暗面：譬如工業主義的經濟利益是以整個社會的「逆經濟性」（dis-economics）為主，以致產生了污染、擁擠、公害（這些在目前的台灣尤其大台北區最足以說明之）；理性化與官僚化也走入死胡同；階層組織僅能產生非理性與缺乏效率而已；還

〔註26〕哈佛大學經濟學教授顧志耐（S. Kuznets），〈消費、工業化與都市化〉，引自 K. Kumar，《社會的劇變》，頁79～88。另參林清江譯，M. Weiner原著，《現代化：成長的動力》（台北：商務印書館，1970）頁66～74。

〔註27〕庫馬，《社會的劇變》，頁90～131。

〔註28〕同上註，頁79～131。

〔註29〕鄧元忠，《西方現代文化探微》，頁2。

〔註30〕Ferkiss, p.26.38.47.

有，種族衝突……等等。這些現象在 1970 年代，羅馬俱樂部（Rome Club）出版了《成長的極限》（*The Limit to Growth*, 1972）後，〔註31〕更具體地宣布工業社會的持續性與穩定性的機能，必須予以嚴肅地正視。政府組織對工業社會在五〇年代以後的疲軟，六〇年代的弊端叢生，以及七〇年代從「無限成長」的美夢驚醒，開始尋求對工業社會的未來，從事比較長遠性的系統性的思考。

此時馬克思主義與無政府主義開始被重新評估。馬克思的發展社會理論（Developmental Society Theory）與五〇年代的合流理論（Convergence Theory）爲未來的社會提供了變遷的理論基礎。〔註32〕未來學即在工業社會的「成長」問題下，爲求振衰起蔽，激起人類對未來的樂觀信心，對克服當前困境的要求下積極起來的。

這個階段社會的變遷，指向未來的一個新社會，這個新的社會在其進化上已進入一個新的狀態，其所顯現出來的變化，正與歐洲由封建的農業社會秩序轉變成工業社會秩序一樣的巨大。這個社會，在不同的學者眼中有不同的稱呼，〔註33〕但最後是丹尼爾貝爾（Daniel Bell）的「後工業」（Post-industrial）最被學界所接納，因此，「後工（業）社會」變成描述未來新社會的最適當用語。〔註34〕

後工業社會從工業社會轉變而來所需的時間，比前工業（農業）社會轉變到工業社會所需的短少很多（約二〇對二〇〇年），因而變化異常迅速，反作用也許來不及出現，而後工業社會仍就以其巨大的步伐往前邁進，因此我們必須預測未來，以求對策，在此，我們必須顧慮到時間指向的變化。在農耕社會裡，時間指向是過去，人類從過去學習播種、收割、儲藏的生活方式；在工業社會，時間指向是現在；在新的後工業社會，時間指向則是未來。〔註35〕我們必須學習從現在預測未來，能做到這點，即可瞭解時代的趨勢不是命運，未來學也非毫無價值。

〔註31〕Ferkiss, p.49.

〔註32〕庫馬博士，《社會的劇變》，頁 230～231。

〔註33〕e.g. the post-modern era, the post-bourgeois society, the post-economy society（Herman Kahn）, the post-industrial society（Daniel Bell）, the Knowledge society（Peter F. Drucker）. the personal service society, the service class society, the technetronic era（Zbigniew Brzezinski）etc.

〔註34〕庫馬，《社會的劇變》，頁 232。又參馮建三等譯，《未來的省思》（台北縣：駱駝出版社，1988）頁 175～177。

〔註35〕潘譯，奈斯比特原著，《大趨勢》，頁 55。

此一新的社會將是何是？貝爾在他的權威性著作《後工業社會的來臨》
（*The Coming of Post-industrial Society*, 1973）點出了未來社會的主要原則是知
識、個人服務以及電腦與電子科技等等。〔註 36〕庫馬博士（K. Kumar）則以
為其社會形態基於前此工業社會的發展與變遷的理論，可能具備下列幾項特徵：

（一）專業與技術階級快速成長。

（二）服務性的經濟盛行。

（三）白領階級的增加。

（四）專業化。

（五）理論知識日趨重要。〔註37〕

另外，奈斯比特（John Naisbitt）也提出了未來的社會將有下列十項大的
變化：〔註38〕

（一）從工業社會邁向資訊社會（industrial society→information society）

（二）高度科技與高度感應（high tech／high touch）

（三）從國家經濟邁向世界經濟（national economy→world economy）

（四）從短期性的轉向長期性的未來思考（short term → long term）

（五）從制度化的扶助邁向自力救濟（institutional help → self-help）

（六）從集權化邁向分權化（centralization → decentralizetion）

（七）從代議性民主邁向全民參與（representative democracy →
　　　paticipator democracy）

（八）從階層組織到工作網路（hierachies → networking）

（九）北半球到南半球地域性經濟大移動（north → south）

（十）從二元性邁向多元性時代（either／or → multiple option）

從上述貝爾、庫馬、奈斯比特等人對後工業社會的可能的未來的建構，
與前面第二節所述的工業社會特徵對照一下，我們即可發現在後工業社會與
工業社會之間仍有其社會學理上的一些連續性，兩者不僅在社會經濟生活某
些特殊趨勢的持續而已，並且亦存在於支配其發展的普遍且抽象的原則。席
爾斯（Edward Shils）曾在其論文中指出：

〔註 36〕Ferikss, p.26，28；並參庫馬，《社會的劇變》，頁 231～232。

〔註 37〕K. Kumar，《社會的劇變》，頁 240～266，庫馬係以 Daniel Bell 的論文為主並
　　　修繕之。

〔註 38〕c.f. J. Naisbitt, Megatrends, 10 trends; and see ferkiss, pp.27～32，並請參註 52。

　　所謂後工業社會的概念只不過是聖西蒙、孔德、托克維爾與韋伯等
　　先師提供予我們想像力的一種混合物而已。〔註39〕

奈斯比特和另一位頗負盛名的未來學者托佛勒（Alvin Toffler）更在自己原有
的基礎上，繼續發揮他們更趨圓熟的智見，寫成最近的論著《2000 年大趨勢，
1990》及《大未來，1990》。以奈氏來講，他以為前面的十大趨勢現在還在持
續進行，只是隨著九○年代的開展，它們不再是主導的力量，新的趨勢已經快
要登台變為主角了，他以為新的十大趨勢是（一）全球經濟景氣、（二）二度
文藝復興、（三）社會主義變質、（四）文化貌似神異、（五）民營勢在必行、
（六）亞太地區興起、（七）新女性、新領袖、（八）生物科技革命、（九）世
紀末宗教熱、（一○）個人戰勝團體。〔註40〕以托氏而言，他的《大未來》乃
是繼《未來的衝擊》、《第三波》之後的另一力作，主旨延續前兩書，而特別
著重在取代工業社會舊勢力的新權力結構。〔註41〕在他們的言見中，他們提
出了未來新社會的寄望，和對舊社會轉型的解決之道。舉例實之，奈斯比特
以為人類要減少來自高科技（high tech）如核武的挑戰與威脅，則需提倡高度
感應（high touch）的智慧來化解或減少之。〔註42〕

　　未來學者對後工業社會的擬構，雖未必會完全或真正地呈現出來，然而
其重要性似乎是在於它所承諾的，而非在於它所完成的；在於它重新開啟了
與社會變遷有關的某些問題，而非在於它在解答方面提供多大幫助。後工社
會的建構無疑地表白了未來學者必須在既有的傳統上，重視對社會變遷的重
新思考，存有的與變遷的研究不可偏頗，必須兩者並重。忽略了變遷、發展、
進步的理念，而說後工業主義與工業主義的過程階段（即現階段的西洋文
化），有一種「系統性的斷絕」（system break），則是根本漠視了歷史與社會的
連續性。那麼，可能產生重大的謬誤。

〔註39〕席爾斯，〈社會學史上的傳統、生態學與組織〉，刊於 *Daedalus* 1970，秋季號，
　　　　頁 285。此轉引自庫馬，《社會的劇變》，頁 257。
〔註40〕奈斯比特原著，尹萍譯，《2000 年大趨勢》，頁 4；該書除前言、結論外，共
　　　　分十章，此十章即分別探討這新十大趨勢的細意。
〔註41〕托佛勒原著，吳迎春、傅凌譯，《大未來（*Powershift: Knowledge, Wealth, and
　　　　Violence at the edge of the 21st Century*, published by Bantam Books, 1990）》（台
　　　　北：時報文化事業公司，1991），頁 1。
〔註42〕奈斯比特原著，潘祖銘譯，《大趨勢》，頁 94。

四、結　論

　　以上本文僅試以未來學來掌握西方文化中社會發展脈絡上的大枝葉而已，並不在於對未來學作一些價值上的考察。換言之，本文只由未來學看西洋現代文化的「未來」，而不論其「內容」，因而，對於其中理論上可能產生層層疊疊的辯證思考，一概蠲免，而事實上也非本短文所能盡納含包的。

　　由以上的取徑，以未來學的發展，從科學意識下的工業社會，分論其前的傳統淵源與其後後工業社會的可能發展，看出未來西方文化的趨向。在這樣的觀點下，或與史賓格勒（O. Spengler 1886～1936）湯恩比（A. J. Toynbee, 1889～1976）對現代西洋文化持悲觀的看法迥異其趣，〔註43〕亦與索羅金（P. A. Sorokin）對感性文化的瓦解看法有所不同。〔註44〕未來學者對未來的看法容有與上面諸氏相似的較為悲觀的看法，而持有待死托邦（dystopia）或反烏托邦的見解，但也有像歷史學者麥克尼爾（W. H. McNeill）的《西方的興起》（*The Rise of the West*）和心理學家施金納（B. G Skinner）的《華爾騰之二》（*Walden II*），對西方文化握持比較樂觀的看法。

　　本文既不持悲觀亦不持盲目的樂觀看法，只認為烏托邦固是一理想的世界，但當亦非一完全無瑕的樂土，烏托邦世界應該也是多元性（照後工業社會一直發展下去）。〔註45〕未來學者常以公元 2000 年或 2176 年（如 H. Kahn）做為後工業社會未來可能的「場景」（Scenario），〔註46〕但從社會變遷理論預測而言，在持續與變遷之中，預料後工業社會會產生不少的問題與不斷的解決方案。只是我們寧願相信在「科學理性」而不迷信的原則下，後工業社會愈趨完善之境。這個在不少未來學者的推測成功上，我們已得到不少鼓勵。〔註47〕雖然它仍有可能落入「是（is）」與「應該是（ought）」的差距中。〔註48〕

〔註43〕　參 O. Spengler 原著，陳曉林譯，《西方的沒落》（台北：桂冠圖書公司，1975）；
　　　　　陳譯，湯恩比（A. J. Toynbee）著，《歷史研究》（台北：桂冠圖書公司，1978）
　　　　　兩書可知。
〔註44〕　楊升橋譯，《現代文明的危機》（台北：環宇出版社，1973 再版），頁 113～139。
〔註45〕　賴金男，《未來學導論》，頁 202，可供參考。
〔註46〕　Ferkiss, p.23. 但本文不討論未來學的方法論。
〔註47〕　Ferkiss, p.33.
〔註48〕　Ferkiss, p.60. 這是未來學的弱點。

　　當西方文化未來發展出地球村落（global village）〔註 49〕或是全球公司（global corporation）〔註 50〕時未來的世界會有可能是一片樂土。這塊土地既不是馬克思的，也不可能是耶穌的，〔註 51〕它應是未來人類的。尤其是這片樂土上融有東方文化的禪、瑜珈和儒家的仁恕之道時更是。〔註 52〕以最後此點來說，則東方的知識份子使東方文化的精髓（雖然東方文化危機遠比西方文化危機嚴峻）與西方文化相匯流，構成未來世界整體文明中的一部分，就顯然是他們不可旁貸的責任了。

〔註 49〕 Ferkiss, p.7.

〔註 50〕 See, Barnet & Muller, *Global Reach*. p.363.

〔註 51〕 雷威爾原著，周平譯，《未來的世界》，頁 157～188。

〔註 52〕 禪（Zen）瑜加（Yoga）或超覺靜坐，在 John Naisbitt, 《大趨勢》（*Megatrends*）中曾經提及，作者以爲提倡這些可以化解科技所帶來的可能的災害。因奈氏早已提及，故本文在略論未來的西方文化發展時，並未論及在科學意識形態下人類有物化、異化或流於泛科學主義迷失的危機。另外，有關儒家的仁恕之道，請參鄧元忠，《西洋現代文化探微》，頁 243。本文荷承鄧師披閱指正，謹此申謝。

平議中國史書上有關徐福的記載*

一、前　言

　　筆者以前曾撰〈三國志後漢書東夷倭傳比較〉一文，﹝註1﹞以史學
（historiography）角度觀察中國史籍所載日本上古的種種史實，唯在蒐集與處
理史料的過程當中，曾經淺涉徐市（即徐福）的問題，鄙意以為可再做進一
步的研索，因而有茲篇的嘗試撰述。

　　本文擬由搜討中國史籍上對徐福海外求僊一事記載的詳略始末，來觀察
秦漢時期中國與北亞地區一帶的交通情形，兼及其時代的意義。文中就徐福
出海求僊的社會背景做一簡略的說明，再詳陳其活動的經過，並探討考究其
所往地點，就前人的研究成果，﹝註2﹞另予以一種社會史的考察與評價。文分
三節，粗陳管見，罣一漏萬，在所難免。敬祈方家，不悋賜教。

二、徐福海外求僊的時代與社會背景

　　先秦時期，包括夏商周三代及春秋戰國時代，在民族的混合與交通的發
展上，已達到某一階段。﹝註3﹞然其範疇區域，大致並未邁出今日的中國版圖

＊ 本文原刊《中國書目季刊》26：1（台北，1992.6）頁 21～30。

﹝註1﹞拙文，《書目季刊》24：4（台北，1991.3）頁 3～10。
﹝註2﹞梁嘉彬，〈關於徐福史料之觀察〉，收在氏著《琉球及東南諸海島與中國》（臺
　　　中：東海大學出版社，1965）頁 37～60；衛挺生著，《徐福與日本》（香港：
　　　新世紀出版社，1953）臺灣商務印書館亦有影印此書，1971 年。另近有苗栗
　　　彭雙松氏著《徐福即是神武天皇》（苗栗：富蕙出版社，1983）、《徐福研究》
　　　（同上出版社，1984）、《徐福與邪馬臺國》（同上出版社，1990）。
﹝註3﹞白壽彝著，《中國交通史》（台北：臺灣商務印書館，中國文化史叢書，1975，
　　　第三版），頁 3。

之外，〔註4〕即使與戎狄夷蠻交通，亦多圍繞北境為是。然而這些事實，已足爲後世的交通，墊下一實在的根基。至秦時徐市越域出海，就屬千眞萬確的可信事實，而不會令人有突兀之感了。

徐福出海求僊之事，首見於秦始皇 28（219 B.C）年：

> （始皇）作琅邪臺，立石刻，頌秦德，明得意。……既已，齊人徐
> 市等上書，言海中有三神山，名曰蓬萊、方丈、瀛洲，僊人居之。
> 請得齋戒，與童男女求之。於是遣徐市發童男女數千人，入海求僊
> 人。〔註5〕

這是正史上最早見到求僊的正式史料。然而文中已透露出海中有三神山是許久以來人皆熟悉的傳聞了。其實，徐福曾上書給秦始皇，並請得齋戒，最後成行，姑不論其實際動機究竟如何？至少可供我們聯想徐福如此作爲，是他本人與秦始皇皆認爲可行之事。因而，這項事實可以說明有兩件事情應可成立：（一）交通上不成問題；（二）思想上有其共識之點。分開來進一步說：交通在春秋時期，在水上的交通工具方面，除舟楫之外，還有方、刀、泭、桴。戰國時期沿承使用這些工具，自不難推想。〔註6〕故交通工具的基本問題，已予解決。另外，由商代之觀測天象制定曆法，以及殷墟宮室登台的方位大多與指南針所指的南方相符，可以推測磁針的使用在商代似已存在。〔註7〕這兩項對於後來的海上交通應也有不少助益，更是促成戰國以後，徐福敢於入海求僊去也的緣故。因爲交通工具的齊備無患與航海安全性的顧慮減低，皆有助求僊的任務，且戰國末年，已有敏感人士覺得世界非常廣大，不是中國所能括盡，因而有大九州大四極和崑崙與三神山的傳聞，〔註8〕吸引了無數歷來的臣民。

就陸路而言，交通區域的擴展，也有助於三神山等傳聞的成立。於此可以找到有力的例證，是殷商亡國以後，王弟箕子逃入朝鮮而歷世君臨其

〔註4〕白壽彝，《中國交通史》，第二章，頁 4～15。

〔註5〕《史記》（臺北：鼎文書局，1986，3 版，菊本）卷 6〈秦始皇本紀〉，頁 247。

〔註6〕《詩・谷風》：「就其深矣，方之舟之」又〈河廣〉：「誰謂河廣，曾不容刀？」；〈齊語〉：「方舟設泭，乘桴濟河。」刀，是小船；方、泭、桴皆是用木編成的筏。引見白壽彝，《中國交通史》，頁 44。

〔註7〕張蔭麟著，《中國上古史綱》（台北：里仁書局，1982）第一章，頁 27～32。又參梁嘉彬著，〈論我國指南針指南車發明與方士入海〉，《琉球及東南諸海島與中國》，頁 1～17。

〔註8〕詳白壽彝，《中國交通史》，頁 45～48。

地，似已說明商朝原本在朝鮮就有若干根據。〔註9〕而箕子率其眾，移民朝鮮開始，中韓之間的交通即日趨活躍。此事可見諸《漢書・地理志》第八下：〔註10〕

> 殷道衰，箕子去之朝鮮，教其民以禮義，田蠶織作。……是以其民終不相盜，無門戶之閉，婦人貞信不淫辟。其田民飲食以籩豆，都邑頗放效吏及內郡賈人，往往以杯器食。

箕子的治績令譽頻頻傳入中國，使得中國本部原先的居民，在歷經連年戰亂之後，頓生「賢者避世，其次避地」的心理而紛紛避往異域。箕子所在之地，既是仁賢之化地，異於三方，當是賢者避世的嚮往去處。即連身抱淑世之論，以兼善天下為己任的孔夫子，亦曾作：「道不行，乘桴浮於海」的感嘆，〔註11〕大有去國遁世，欲居今日東北、朝鮮或日本之想。

再則，戰國時代燕齊兩地近海，人們常見海市蜃氣等奇景而引發奇想，以為人類亦可靠修鍊而得長生，離開現實而獨立永存，〔註12〕《史記》有載：

> 自齊威、宣之時，騶子之徒論著終始五德之運，及秦帝而齊人奏之，故始皇采用之。而宋毋忌、正伯僑、充尚、羨門高最後皆燕人，為方僊道，形解銷化，依於鬼神之事。騶衍以陰陽主運顯於諸侯，而燕齊海上之方士傳其術不能通，然則怪迂阿諛苟合之徒自此興，不可勝數也。
>
> 自威、宣、燕昭使人入海求蓬萊、方丈、瀛洲。此三神山者，其傳在勃海中，去人遠；患且至，則船風引而去。蓋嘗有至者，諸僊人及不死之藥皆在焉。其物禽獸盡白，而黃金銀為宮闕。未至，望之如雲；及到，三神山反居水下。臨之，風輒引去，終莫能至云。世主莫不甘心焉。〔註13〕

〔註9〕 張蔭麟，《中國上古史綱》，頁34～35。

〔註10〕《漢書・地理志》（臺北：鼎文書局，1984，三版，菊本），頁1658。

〔註11〕《後漢書》（台北：鼎文書局，1978），頁2823，此語原出《論語・公冶長》，言欲乘桴筏而適東夷，以其國有仁賢之化，可以行道也。

〔註12〕顧頡剛著，《秦漢的方士與儒生》（臺北：里仁書局，1985），序，頁6。又見顧氏著〈漢代以前中國人的世界觀念與域外交通的故事〉，《禹貢半月刊》5：3、4。

〔註13〕《史記・封禪書》（臺北：世界書局，1973），頁1368～1370。

由這段記載可知仙人的道是靠修鍊來的，仙人居地是在燕國的東邊和齊國北邊的勃海，仙人的生活則是逍遙出世的。〔註14〕仙人於焉變成燕齊的特產。〔註15〕是知，入海求僊亦有其地理環境的特質。

其實，燕在全盛時期，其領土擁有今朝鮮北地。〔註16〕因地理位置的便利，有關朝鮮南地（今南韓）和日本的傳聞，常因而可以傳入燕人耳中，如此可能也會刺激東方海上的活動愈來愈加頻繁，也讓內地人士確知勃海之外，別有天地。

而尋僊的思想又如何來的呢？顧頡剛以為出於下列幾點：（一）時代的壓迫：戰國戰亂太多，是一個社會組織根本變動的時代，人們極度苦悶，但沒有完全解決的辦法，祇好避亂到海外尋求桃花源地；（二）思想的解放：戰國時代舊體制和舊信仰都解體了，人們在政治上取得若干權力，脫離貴族的羈絆，自然也會想在生命上取得自由，脫離天帝的羈絆，取得僊人的地位，從此無拘無束，與天地相終始，與造物者同遊；（三）有了前面兩種原因做基礎之後，再加上方士的點染，舊巫祝的拉攏，因而神仙說就具有一種出世宗教的規模了。〔註17〕除此之外，筆者以為求仙不死，亦非盡屬虛幻，而與醫學化學亦關係密切。《漢書·藝文志》以神仙與醫經、經方、房中並列，即職是之理。〔註18〕求仙之方，除服餌疏食之外，更信金丹。《史記·封禪書》言漢武帝信李少君說，事化丹砂諸藥劑為黃金，黃金成以為飲食器則益壽，益壽而海中蓬萊僊者乃可見，見之以封禪則不死；〔註19〕桓譚言光武窮折方士以黃白之術，《鹽鐵論》述方士之說，謂仙人食金飲珠，然後壽與天地共長久。〔註20〕由之亦可上知始皇好仙之理。始皇初信方士之說，不稱自己為朕，而改口說是「真人」，〔註21〕可見其深信不疑，與追求深切。

這中間，方士是尋仙的重要媒體，所謂方士，即是鼓吹神仙說的那些人。其應合時代與君民之需要，乃能互通聲息蔚成氣數，使得秦始皇與其同途者

〔註14〕顧頡剛，《秦漢的方士與儒生》，頁10。
〔註15〕其源可參陳建遠主編，《中國社會——原型與演化》（瀋陽：遼寧人民出版社，1988）頁272。
〔註16〕《史記·朝鮮列傳》（臺北：世界書局，1973）頁2985～2990。
〔註17〕顧著，《秦漢的方士與儒生》，頁10～11。
〔註18〕《漢書·藝文志》（臺北：世界書局，1974）卷30，頁1776～1780。
〔註19〕《史記·封禪書》，卷28，頁1385。
〔註20〕呂思勉，《秦漢史》（台北：臺灣開明書店，1975，臺四版）頁815。
〔註21〕《史記·秦始皇本紀》（卷6），頁257。

皆能躍躍欲試。因而，徐福入海求僊的行動，可以說是久來在社會上逐漸盛行的求仙思想，配合交通上一定程度的發達而產生的。是知乃有其時代與社會或歷史與地理上的因素與背景。

三、徐福海外求僊的活動

徐福之先的方士求仙行動，史書或因其說荒誕，或言不雅馴，故多不之錄。惟徐福事見於正史，已見於前節引文。不數年，還派遣韓終、侯公、石生求仙人不死之藥，〔註22〕但沒有結果，始皇乃於 35（212 B.C.）年還有行動：

> 盧生說始皇曰：「臣等求芝奇藥仙者常弗遇，類物有害之者。方中，人主時爲微行以辟惡鬼，惡鬼辟，眞人至。人主所居而人臣知之，則害於神。眞人者，入水不濡，入火不蒸，陵雲氣，與天地久長。今上治天下，未能恬惔。願上所居宮毋令人知，然后不死之藥殆可得也。」於是始皇曰：「吾慕眞人，自謂『眞人』，不稱『朕』。」……行所幸，有言其處者，罪死。

> 侯生盧生相與謀曰：「始皇爲人，天性剛戾自用，起諸侯，并天下，意得欲從，以爲自古莫及己。專任獄吏，獄吏得親幸。博士雖七十人，特備員弗用。……秦法，不得兼方不驗，輒死。然候星氣者至三百人，皆良士，畏忌諱諛，不敢端言其過。天下之事無小大皆決於上，上至以衡石量書，日夜有呈，不中呈不得休息。貪於權勢至如此，未可爲求仙藥。」於是乃亡去。始皇聞亡，乃大怒曰：「吾前收天下書不中用者盡去之。悉召文學方術士甚眾，欲以興太平，方士欲練以求奇藥。今聞韓眾去不報，徐市等費以巨萬計，終不得藥，徒姦利相告日聞。盧生等吾尊賜之甚厚，今乃誹謗我，以重吾不德也。」〔註23〕

可知徐市韓眾盧生諸方士，早就相認識，且互相勾結，分別勸說始皇海上求僊，文中始皇罵他們「徒姦利相告日聞」即是明證。

始皇 37（210 B.C.）年，又有一段有關求仙的記載：

> （始皇）還過吳，從江乘渡，並海上，北至琅邪。方士徐市等入海求神藥，數歲不得，費多，恐譴，乃詐曰：「蓬萊藥可得，然常爲大

〔註22〕《史記‧秦始皇本紀》，頁 252。
〔註23〕《史記‧秦始皇本紀》，頁 257～258。

鮫魚所苦，故不得至，願請善射與俱，見則以連弩射之。」始皇夢
與海神戰，如人狀。問占夢，博士曰：「水神不可見，以大魚蛟龍爲
侯。今上禱祠備謹，而有此惡神，當除去，而善神可致。」乃令入
海者齎捕巨魚具，而自以連弩候大魚出射之。自琅邪北至榮成山，
弗見。至之罘，見巨魚，射殺一魚。遂並海西。至平原津而病。始
皇惡言死，羣臣莫敢言死事。〔註24〕

從前述的 28 年、35 年及 37 年條重要的有關記載中，不難發現所隱含的事
實和其代表的意義。首先，徐福入海求僊一事，只是方士們利用帝王好長
生不老，永享富貴的心理下的一種自然產物。帝王的求仙，與其祭郊、封
禪以取得政治的合法性與助長其統治的基礎，可謂具有類似的功用，只是
求仙之事，畢竟不如郊祀與封禪一樣的具備現世的價值，故多視帝王個人
的因素而決定，因而其事在歷史上僅以秦始皇、漢武帝、吳大帝、隋煬帝
較著而已。入海求仙的歷史地理背景，上節已略有探討，在秦始皇時代似
乎也自然成章，毫不勉強，唯方士也非眞能求得仙人仙藥，乃別具目標：
或在親近世主，攫取利權；或藉入海之事，以避亂秦；或由求仙其事，騙
取皇帝供給大量的人力、物力，以便名正言順地從事海外移民。後者的說
法，幾已成爲公論。〔註25〕不過，筆者以爲因果之間的關係仍欠明晰，到
底假借入海求仙之事，來達到移民的目的，是出於預謀？抑或因求不到仙
藥仙人，怕被世主誅除，畏罪潛逃異域，而達到移民的結果？筆者以爲歷
來學者多未十分分明釐清此點。而兩造異見都有學者探述且未予細論，頗
有令人無從之感。

由前述已知，在徐市之前，已有方士入海，徐市不算最早，只是其記錄
最爲正式而已。徐市在始皇 28 年受命領導數千人成行，則吾人可以推知他
應該早有經驗，換言之，他在 28 年以前自己也可能數度入海了，相信這點
推測或不致太過離譜。而且徐市多次來往大陸與蓬萊之間，後來屢向始皇申
請童男女，連弩弓，可能係他在東島遇見了一些勁敵如土著或其他的方士集
團，則此點見解似可從而旁證徐市早有經驗之談。〔註26〕

〔註24〕 《史記·秦始皇本紀》，頁 263～264。
〔註25〕 參梁嘉彬著，〈古琉球確即瀛州考釋〉，《琉球及東南諸海島與中國》，頁 161
～180。
〔註26〕 梁嘉彬，前引文，或〈關於徐福史料之觀察〉，《琉球及東南諸海島與中國》，
頁 41。

　　然徐市這些方士入海數年久之而未能有所斬獲，多以遇風或遇大鮫魚做爲向皇帝報告乞求卸罪的理由。不僅前段引文已有，〈封禪書〉亦載有：

　　及至秦始皇并天下，至海上，則方士言之不可勝數。始皇自以爲至海上而恐不及矣，使人乃齎童男女入海求之。船交海中，皆以風爲解，曰未能至，望見焉。〔註27〕

其中以始皇28年、35年兩次出行，費去好幾萬斤黃金，最後毫無結果。這些方士，因懼怕世主皇帝怪罪故除以風魚做爲逃避責任的理由之外，還常同行相妒，互攻謊言，引起始皇的不快。尤以侯生、盧生兩人，不滿意始皇所爲，以爲不值得替他求取仙藥，因而逃之夭夭。〔註28〕始皇對這班方士，本有成見，尙未釋懷，再聞此事，乃大罵道：

　　吾前收天下書不中用者盡去之。悉召文學方術士甚眾，欲以興太平，方士欲練以求奇藥。今聞韓眾去不報，徐市等費以巨萬計，終不得藥，徒姦利相告日聞；盧生等吾尊賜之甚厚，今乃誹謗我，以重吾不德也。諸生在咸陽者，吾使人廉問，或爲訞言以亂黔首。〔註29〕

於是使御史把儒生方士都發去審問，結果，把犯禁的四百六十餘人都坑之咸陽。這段故事即史上有名的「坑儒」。〔註30〕坑儒實際是始皇因方士事而發脾氣所引來的一場大禍，也就是說方士闖禍，連累儒生。〔註31〕

　　因而，就35年條來看，則知盧生、侯生、韓眾早就事先預謀賺取始皇，以避亂秦，遠移域外的蓬萊、方丈、瀛州去也。

　　不過，就37年條來說則是費多恐譴，怕遭到殺害，乃利用始皇求仙的心理弱點，向他使詐說遇風遇大鮫魚，最後逃之夭夭，乾脆一去不回。若然，則並非預謀可明。至於徐福利用求仙，而達到移民他域，可能因爲徐市與盧生、侯生諸方士原有過從，受其影響，最後亦如盧生，則也不無可能。就此而言，則可知徐市入蓬萊，與韓眾、侯生、盧生並不完全相同，此事牽涉到原先的動機問題，亦即主動與被動的分殊。故而歷來或如梁嘉彬氏以爲入海求仙是預先勾結，向始皇詐取五穀百工，童男振女以爲開發異域的資本（即人力、物力、技術的轉移），最後成行，以及原來確實替秦始皇專求仙人仙藥

〔註27〕《史記・封禪書》，頁1370。
〔註28〕《史記・秦始皇本紀》，頁257～258；顧頡剛，前揭書，頁11～12。
〔註29〕《史記・秦始皇本紀》，頁258。
〔註30〕《史記・秦始皇本紀》，頁258。
〔註31〕顧頡剛，《秦漢的方士與儒生》，頁12。

而去，但因時日延宕過久，費多恐譴，轉致不得不故意迷航而去的說法，實各有所本。而衡諸當時實際可能的情形，或許在不同人物的動機與際遇上，有可能導致殊途同歸於三神山而去，這是歷年學者未加細述之處的。

　　始皇後來在 37 年崩於沙丘，徐福之事未再追究。到了漢武帝時代（124 B. C.），因淮南王劉安造反大獄，徐福之事，重新被伍被提起。有云：

> 又使徐福入海求神異物，還為偽辭曰：「臣見海中大神，言曰：『汝
> 西皇之使邪？』臣答曰：『然。』『汝何求？』曰：『願請延年益壽藥。』
> 神曰：『汝秦王之禮薄，得觀而不得取。』即從臣東南至蓬萊山，見
> 芝成宮闕，有使者銅色而龍形，光上照天。於是臣再拜問曰：『宜何
> 資以獻？』海神曰：『以令名男子若振女與百工之事，即得之矣。』」
> 秦皇帝大說，遣振男女三千人，資之五穀種種百工而行。徐福得平
> 原廣澤，止王不來。〔註32〕

司馬遷對徐福的記載，在此比〈始皇本紀〉所載有更詳細之處，可以參考。〔註33〕且以漢武帝即位之年，距始皇駕崩之時，約 89 年光景，伍被所記所言，應可視為尚屬可信之史料。

　　如此，則吾人對徐福海外求僊的整個活動事相，大致可以獲得一梗概的瞭解了。

四、徐福所往地點之考察

　　前述所引史書對徐福入海求僊的方向，是往三神山而去。由始皇 28 年和 37 年兩條的記載，再加比較，則可知先提三神山，後來則僅提蓬萊而已。何以如此？或因方丈瀛洲兩處離中國較近，且面積較小，徐福集團有數千人之多，自宜覓一較大之處如蓬萊較妥，且恐方丈瀛洲早有其他方士集團定居，人滿為患，所以排拒徐福，〔註34〕因而三神山之中，蓬萊對徐福一行最為恰當。然則，蓬萊究是何地？即是本節所擬處理的主要問題所在了。

　　關於蓬萊的位置和方向，史書僅載：「蓬萊在勃海中」，〔註35〕漢武帝時伍被始說是在山東琅邪的海中東南方。〔註36〕漢東方朔的《海內十洲記》則

〔註32〕《史記・淮南衡山列傳》，頁 3086～3087；亦可參《漢書・伍被傳》卷 45，頁 2171。

〔註33〕詳可再參彭雙松，《徐福研究》，頁 68～69「著者按」共五點可悉。

〔註34〕參梁嘉彬著〈古琉球確即瀛州考釋〉，前揭書，頁 161～180。

〔註35〕《史記・秦始皇本紀》〈正義〉所注，頁 247。

〔註36〕《史記・淮南衡山列傳》，頁 3086。

云：「蓬丘，蓬萊山是也，對東海之東北，周廻五千里，外有圓海繞山，圓海水正黑，而謂之溟海也，無風而洪波百丈，不可得往來」，〔註37〕又《山海經》亦云：「蓬萊山，海中之神山，非有道不至」，〔註38〕也未說出確切的地點。讀這些記載，總嫌要夠明朗與具體，後人不易從而確知。到了三個時代，有關徐福的記載，再度出現。

> （黃龍）二年（230）春，正月，遣將軍衛溫、諸葛直將甲士萬人浮
> 海求夷洲及亶洲。亶洲在海中，長老傳言秦始皇帝遣方士徐福將童
> 男童女數千人入海，求蓬萊神山及仙藥，止此洲不還。世相承有數
> 萬家，其上人民，時有至會稽貨布，會稽東縣人海行，亦有遭風流
> 移至亶洲者。所在絕遠，卒不可得至，但得夷洲數千人還。〔註39〕

由此可知秦始皇時代所謂的蓬萊，即三國時代吳人所謂的亶洲。亶洲其地在會稽東方的海中，與夷洲相近。〔註40〕會稽與亶、夷洲都有往來甚至做生意的記錄，但畢竟所在絕遠，不易達到。孫權或許因為經濟利益引起領土野心，因而遣將往征，也可能孫權心擬追仿始皇武帝，求得神山僊藥，以期長生，登錄仙籍，而派兵東進海上。孫權頗為重視此事，由黃龍三年，因為將軍衛溫、諸葛直以違詔無功，下獄誅死的判決可以推見。〔註41〕

晉伏琛《三齊略記》說始皇在山東文登縣的東北海角，建造石橋以觀日出，欲自此渡海求取蓬萊，又記方士徐福在今山東諸城東方之徐山，集童男女二千人入海求蓬萊與方丈。宋樂史的《太平寰宇記》也說始皇在山東諸城縣之牢盛山立馬遠望蓬萊，並記有「蓬萊縣本漢黃縣地，屬東萊郡，昔漢武帝於此望蓬萊山，因築城以為名」。〔註42〕凡此，皆說明神山（蓬萊）應在今

〔註37〕 引自梁嘉彬著〈論我國指南針指南車發明與方士入海〉，《琉球及東南諸海島與中國》，頁 13。《海內十洲記》一書，梁氏以為係入海之方士依託於東方朔而著，非真東方朔所著，而《山海經》亦是方士所著。

〔註38〕 同註 37。

〔註39〕 《三國志‧吳書》（台北：鼎文書局，1978），卷 47，頁 1136。

〔註40〕 由會稽看蓬萊，應在東北方。葛洪《枕中書》：「蓬萊山，對東海之東北岸，山週廻五千里，溟海中濤浪衝天，九氣丈人所治」，《海內十洲記》亦然；此外，晉李石《續博物志》、晉孫綽《天臺賦序》及宋樂史《太平寰宇記‧普陀山志》等所說皆以浙江為基點定位，而有是說。是時從山東琅邪向海中東南方畫一直線，與從寧波畫一直線向海中東北方，兩線交點，便在今日的日本九州。說見梁著，前揭書，頁 13。

〔註41〕 《三國志‧吳書》，頁 1136。

〔註42〕 梁氏，《琉球及東南諸海島與中國》，頁 12。

山東海中的東南方向無訛，若就南方的資料來談，則說明神山（亶洲）應在會稽出海的東北方才對，而兩者交會之處，則是徐福的去處即是。

綜貫南北雙方史料的《後漢書》也記有徐福出海求僊之事〔註43〕云：

> 會稽海外有東鯷人，分爲二十餘國。又有夷洲及亶洲。傳言秦始皇遣方士徐福將童男女數千人入海，求蓬萊神仙不得，徐福畏誅不敢還，遂止此洲，世世相承，有數萬家。人民時至會稽市。會稽東冶縣人有入海行遭風，流移至澶洲者。所在絕遠，不可往來。〔註44〕

文中所提及的東鯷、夷洲、澶洲，大致本於《漢書・地理志》：

> ……會稽海外有東鯷人，分爲二十餘國，以歲時來獻見云。〔註45〕
> ……樂浪海中有倭人，分爲百餘國，以歲時來獻見云。〔註46〕

有關夷洲與亶洲，則多取材於《三國志・吳書・吳主傳》。〔註47〕另唐張守節《史記正義》引《括地志》云：

> 亶洲，在東海中，秦始皇使徐福將童男女入海求仙人，止在此洲，共數萬家，至今洲上人有至會稽市易者。吳人《外國圖》云亶洲去琅邪萬里。〔註48〕

將這些資料排比對照，不難發現，從南北史料的互勘校讀裏，可知范曄《後漢書》寫東鯷與《三國志》所記亶洲人到會稽的情形相似，故而可知蓬萊、東鯷、亶洲所指當是同一地方。〔註49〕而且也知其地約在琅邪（或作瑯琊）東南，會稽東冶縣東北，有平原廣澤，可容萬家，風向潮流可以自會稽漂至亶洲。梁嘉彬先生從地理知識、航海經驗及風信洋流等近代科學知識，對古籍文獻作一番縝密細察，推斷所謂蓬萊、亶洲或東鯷者，應是日本的九州才對，〔註50〕亦即徐福出海求仙所往的地點。

〔註43〕 范曄《後漢書》倭傳之史料來源係雜抄陳壽《三國志》魏志倭人傳（可視爲華北史料），吳書孫權傳（華南史料）及班固《漢書・地理志》燕地條有關倭人之記載（華北史料）吳地條東鯷人（華南史料）而成。內中多有訛舛，可參拙文〈三國志後漢書東夷倭傳比較〉，《中國書目季刊》24：4，或梁氏前揭書，頁69，註1條。

〔註44〕 《後漢書》（台北：鼎文書局，1978），頁2822。

〔註45〕 《漢書・地理志下》，卷28下，頁1669。

〔註46〕 《漢書・地理志下》，頁1658。

〔註47〕 《三國志・吳書・吳主傳》，頁1136。

〔註48〕 《史記・秦始皇本紀》，頁248，註2條。

〔註49〕 可參梁嘉彬，〈流求史論正謬〉，前揭書，頁107～160。

〔註50〕 梁嘉彬，〈琉球古今見聞考實〉，《東海學報》2：1，頁14～15。

再從日本方面來說，由《古事記》和《日本書記》兩本古書所載來看，日本的「繩文式文化」（新石器時代）與「彌生式文化」（金屬時代）的交替時期就在西元前二、三世紀左右。繩文式文化是日本土著倭種（又稱埃努Ainus）的文化，自東北向西南延伸發展；彌生式文化則是由大陸外傳而進的鐵器文化，分布以西日本為主。環顧當時日本附近，大概只有中國有如此高等的文明而已。〔註51〕據一些專家學者的研究，在西元前二三世紀時，蒙古種族曾有大規模移民，曾到達日本九州一帶，其人馬隊伍乃由九州取道東北，征服原住民而終於定居下來。〔註52〕若然，則與中國史書上有關徐福的記載，發生若干巧合之處，不僅時間互通，史實亦近，也可以用來佐證前述史事。〔註53〕

五、結　語

正史的修撰，一向多重政、軍制度與皇室、貴族或士大夫等高層社會的記載，這是中國史學的主要傳統。而對於異族入寇或本文主題所在的方士入海求僊，則若非立場偏頗，用詞激苛，必是語焉不詳，擇焉不精。徐福求仙事，在中國古籍的記載中，即有後者之弊，因而欲擬就其事之先後始末，描繪出一切近歷史真實的圖像，實非易事。所幸，歷來正史之外的資料迭出，雖其記載多附會陰陽五行乃至神仙鬼怪，然經過後世專家學者苦心鑽研，結合各學科之長技，指向片爪隻語的史料，經過細心推敲，竟也可以剝除求僊史事的迷離與神秘的神話外衣，讓吾人詳悉此事。

衛挺生、梁嘉彬教授以及近來彭雙松氏等等諸位前輩碩學的大作，對於本文的撰述提供甚為有力的參考論證，應在此申謝。然茲文之嘗試撰述，已迴避其有功的繁瑣的考證，而以諸位先生卓越的研究成果為基礎，重新以自己的拙筆蕪文，就徐福出海為秦始皇探訪仙山仙藥的實際行動中（第三節）分析其當時甚至以前的社會背景（第二節）並尋出其方向、地點（第四節），如此，或能對整件事情的前後始末有一較為簡明清晰的了解。從而，吾人乃能由整個過程裏發現史載徐福入海事在歷史的脈絡裏，並不單純地意味著訪仙人求仙藥，為統治者服務而已。它至少呈現出三點意義：（一）求仙的行動，

〔註51〕梁氏著〈日本是怎樣開國了的？〉，前揭書，頁32。另可參宋越倫編著《中日民族文化交流史》（台北：正中書局，1969，4版）頁2～6。
〔註52〕同前註。
〔註53〕詳可參彭雙松，《徐福研究》第3章，頁259～293。

有其後面的驅策力量，文中已賦與一種社會史的觀察；（二）方士們的三神山尋訪任務之失敗，最終造成止居當地的結果，可以略窺古代中國人海外移民移殖的情況，從社會的水平流動率（lateral mobility）來看，吾人不免驚訝其發生之早與數目之龐大（水路）；（三）從而，本文可以肯定中國早在公元前三世紀，甚且殷商末年，北亞一帶，尤其朝鮮及倭地（日本）與中國交通的蛛絲馬跡。緣此三者，則吾人似不能對徐福出海求僊事視為方士戲弄大皇帝的小節目，而實際它在歷史上亦反映出一定的意義和價值。

至於徐福落腳於蓬萊之後的發展如何？與日本上古史的關聯如何？則爭議特多，〔註54〕不易定論，而事實它亦在求僊行動中之外，亦即在本文藩籬之外了。

〔註54〕衛挺生著《日本神武開國新考》（別名：徐福入日本建國考，1950），衛教授以為日本之彌生文化乃中國文化，在秦始皇時傳入日本。梁嘉彬氏著〈關於徐福史料之觀察〉、〈日本是怎樣開國了的？〉，前引書，頁29～60。皆詳述中日雙方諸多學者的不同意見，極夥，可詳參。另彭雙松氏則以為徐福在日本各地所留之遺跡共十區五十六處，傳說有三十二件，古書記載有四十六項，詳彭氏《徐福即是神武天皇》，頁132，或《徐福研究》，頁83～293。

九年一貫社會領域歷史教材教法課程的調整與因應——以課堂內教學為例*

壹、前言

　　近年來教育的變革，對歷史學界帶來實質上的衝擊很大，一是1994年歷史課程在「認識台灣（歷史篇）」當中授課時數已明顯減少，課程內容也由大陸轉移以台灣為中心；另在跨世紀之際頒布不久的將來，歷史課要由課程名稱中取消，變成社會領域學科教材的一部分；這兩項變化，看出歷史課在國中課程仍保有席末之位，到九年一貫階段連課程名稱都淹沒無存，對於日後億萬學子，將產生鉅大的影響，實不言可喻，至於結果會是如何則有待專家詳審評估，本文置此不論。唯就前兩項變革而言，已對歷史學構成所謂「危機」的作用，相信史界人士都感同身受。此種危機可說是時代轉折關頭出現的全面危機，從根本上說是從兩蔣時代以來的歷史教育的範式（或稱典範），〔註1〕受到強大挑戰而面臨革命性變動的種種前兆。某種程序而言，這一波危

* 本文原題〈歷史教材教法課程的調整與因應——以課堂內教學為例〉在2003年10月25日由國立中興大學歷史學系主辦的「歷史主專長之師資培育與九年一貫社會領域教學研討會」上發表，今據會議主旨，改題如上，並略增內文，強調九年一貫制的緣起發展與歷史主專長的社會科教學之道，後正式刊載於《歷史教育》第11期（台北：台師大歷史學系，2007.12）頁85～102。

〔註1〕「範式」（或「典範」）一詞是美國哲學家庫恩（T.S. Kuhn，1922～1996）在科學哲學研究領域中提出的一項概念，意指一定的科學研究群體所擁護、接受，並成為他們在進行科學研究時所普遍遵循的行動準則。庫恩的科學哲學，被稱為20世紀科學哲學的重大成就之一，對知識界產生了廣泛的影響，對於考察科學的發展演變，具有方法論上的意義。

機又可視爲一種「功能危機」，似是對以往史學誇大社會教育功能的一種懲罰。這兩種意義，是此波教育改革中衍生出來「危機」的主要意涵。

在新的典範應運而生之前，舊的典範通常不會自動消退，會以各種方式去彌補缺陷，改變形態以適應反常。在範式的轉換（paradign shift）過程中，危機蘊含轉機。只是筆者以爲轉機雖有正面意義，但亦不排除轉而日壞，每下愈況，導致危機加深，至少在各方面都不願配合之下，就會有這種可能性出現。筆者粗略評估，此回課程變革將造成教學難、研究難、歷史系學生就業難等等問題，對歷史學原本已是大學系所之「冷門」科系，更有加霜蒙塵的作用。用比較商業化的口吻來說，則是可能會造成史學的不景氣加深變厲。

除籲諸教育部門相關單位必須了解輕史誤國此一問題，而重視其所衍生的各種現象之外，筆者以爲身處此一新體制之下要做一個勝任愉快的歷史或社會科教師，恐怕亦要做若干的調整，以適應新情勢的發展。本文以爲在新課程之下老師的角色調整、老師的課程設計、老師的課程教學、學生的學習方式乃至新課程評價的理念和方法等等都必須作若干的甚至是大幅度的調整，來適應或應付新課程的挑戰。筆者並非教育專才，惟願以最具實務性的課程內教學來略申淺見，內容應甚膚淺，企盼博雅方家，能予教正。

貳、課程內歷史教學法的因應與改變

九年一貫是既定的教育政策，反映了世界教育趨勢，美、日、俄、中等國皆在不同程序上進行社會科領域教學的設計與改變。台灣的基調，原則上與美國較爲近似，社會學習領域的課程由 9 大主題軸（thematic strands）構成，[註2] 與美國社會科協會（National Council for the Social Studies）推出的 10 大主題軸架構的做法基本相同。[註3] 每一主題軸由多學科或領域的知識揉合

[註2] 九大主題軸請參教育部，〈國民中小學九年一貫課程暫定綱要社會學習領域〉，頁 21～27。

[註3] 美國十個主題軸是文化（culture），時間連續與變遷（time, continuity and chance），人力與環境（people, place and environment），個人發展與認同（individual development and identity），個人、團體與制度（individuals, groups and institutions），權力、權威與管理（power, authority and governance），生產、分配與消費（production, distribution and consumption），科學、技術與社會（science, technology and society），全球聯繫（gobal connections），公民意識與實踐（civic ideals and practices）。參陳麗華，〈美國的社會科學課程〉，《教育研究》（1998.8）。

而成，具相當整合性，與以前「認識臺灣」分為歷史篇、社會篇、地理篇是屬於分科聯合型的類型大大不同。它主要是指導中、小學生從本土的地理和自然環境中，明瞭環境與民生的關係，以養成熱愛鄉土、改善環境的品德和能力，激發建設地區及國家的意願；從倫理、民主、科學的實踐中了解近代世界的大勢與現代文化的發展，激發莊重自強、革新創造的精神；從台灣的歷史變遷，探討台灣文化的內涵與淵源，以了解今昔台灣與亞洲和世界的互動關係；並進而比較人們對歷史的不同說法和不同解釋，從直線發展與循環的觀點，或從演變與革命的觀點，分析歷史的變遷。〔註4〕

臺灣與美國都是運用主題軸來進行課程綜合的工作，即以主題軸為基本架構，整合人類學、考古學、經濟學、地理學、歷史學、法學、哲學、政治學、心理學、宗教、社會等學科的內容，以及人文科學和自然科學中適當的內容。因而這種課程體系，具有綜合性、開放性和靈活性的特徵。稍微詳細說明，透過9或10個主題軸把各門學問統整起來，形成一個有機整體，實現中小學社會科課程的一體化；主題軸本身也可以把跟課程目標有關的經驗知識整合起來，不必受限於學科的界限；同時運用主題軸來組織課程，常可在形式上取得單科或多科整合的靈活性，這是要了解此次課程改革最基本的要點，明瞭此點才能明瞭九年一貫的方向和主旨。

整個九年一貫的課程呈現多樣性，是一種社會學科課程的統整（Curriculum integration）。這種課型打破了過去以「學科中心」的課程設計，有利於解除學科的封閉性，使知識互相交流滲透，也就是說老師教課時，必須力圖把分開的學習科目聯結起來，把分裂性的知識系統整合起來。換言之，在老師身上要把社會課程的知識系統一體化。很重要的一個觀念，這種課程統整不是從學科出發，而是從學生的學習出發，從學生的發展需要出發。它也不只是老師重新安排學習計畫的方法，它更是一種課程設計，〔註5〕這種課程設計不追求學科體系的完整性，而具有經驗性課程的傾向。〔註6〕這是前文所說的研究難的現象之一，也是教育部在改變教育方向時，要中興大學就中

〔註4〕教育部，〈國民教育九年一貫課程綱要（草案）‧社會學習領域〉《21世紀的教育》。

〔註5〕陳淑芬，〈我與統整課程的碰撞〉，興大歷史系主辦「歷史主專長之師資培育與九年一貫社會領域教學研討會」上所發表之論文稿（2003.10.25），頁1。

〔註6〕參陳伯璋，〈九年一貫新課程綱要修訂的背景及內涵〉，《教育研究資訊》（1999.1）；歐用生，〈從課程統整的概念評九年一貫課程〉，《教育研究資訊》（1991.1）。

部地區中小學社會科領域的師資培養整合原先不同科別的教師。由興大歷史系結合水土保持學系、國際政治所等單位分別授予歷史、地理、公民的社會學習領域課程。當然這更是興大歷史系舉辦本次研討會所欲達成的宗旨目標之一。〔註7〕這種綜合學習是一種改造性的課程與教學活動，跟以往學術的分科細分化、專門化，導致學科之間的橫向隔絕剛好相反。社會科課程的綜合，不僅僅是各相關學科領域知識的綜合，而且也是方法的綜合，視角的綜合，更是教育目標的綜合，包括認知、能力、情感態度和價值觀的綜合，社會科綜合性的特點，其完整涵義便在於此，值得實施亦在於此。〔註8〕然而此項工作爭議仍多，短期內可能並不容易達成預期目標，必須假以時日，但卻是勢在必為，相信已逐漸在教育界裡形成共識，因而讓原先個別分科的教師接受統整的師資培訓，以及日後擔當整合型的社會科老師能夠勝任愉快。筆者願就以歷史主專長為領域的教師，在課程內教學法上提出一些不成熟的意見，提供討論批評，以俾可以形成更好的見解。

首就本文主題教材教法的「教材」來言，以往所謂教材通常指的是教科書或教案，但現在由於科技的發展和生活的進步，使人們的知識結構和獲取知識的管道有了很大的變化，人們不止可以從教科書獲得知識，更可以透過其他媒介得到，因而「教材」的概念，已有進一步推展。今日吾人可說，凡是承載教學內容和信息的物化材料，乃至教具，都是教材。以歷史教學為例，

〔註 7〕跨學科研究的發展學存在著阻力：1. 跨學科共識的匱乏；2. 科研體制僵化：研究機構與研究活動基本上是按傳統學科和專業來區分，缺乏學科之間的聯繫與合作；3.傳統教育注重單學科的培訓，基本上並未考慮跨學科或多學科人材的教育。但融合各社會領域知識於一爐，使之成為利於學生學習的有機整體則是教改的趨勢。可參李稚勇、方明生主編，《社會科教育展望》（上海：華東師範大學出版社，2001），頁5。另參周志宇，〈社會領域教科書編輯與師資培育〉，發表於興大歷史系主辦「歷史主專長之師資培育與九年一貫社會領域教學研討會」，引證說明歷史學與其他學門如經濟學、心理學、政治學、地理學、社會學等的共通性最少，統整的難度最高，見頁4。

〔註 8〕社會科課程有助於學生綜合能力的培養，社會科不僅於知識的整合，更是結構的整合、方法的整合，對學生綜合能力的鍛鍊與培養的機會大增；對學生接觸社會、了解社會，增強社會實踐能力亦可大增，因社會課程是開放性的；社會課程亦可激發學生的學習興趣，因學生所接觸的內容是與他們生活密切相關的社會問題，是他們願意了解的問題，這樣的課程能引發他們學習的內驅力，激起其學習興趣，進而養成關心社會問題，參與社會活動的習慣；最後一點是能幫學生形成正確的世界觀、人生觀和價值觀。參李稚勇、方明主編，《社會科教育展望》，頁 28～30、288。

歷史教材應包括：教科書、教學參考書、學生練習冊、學習指導書、歷史文獻資料、歷史著作及讀物、歷史理論讀物，包括歷史哲學、涉及歷史題材的文化作品、與歷史有關的圖像、實物、文物及其模型等，與歷史及歷史教育有關的影音材料像錄音、錄影、影視、投影、相關的電腦軟體及網路上的各種有關信息等等。此外，博物館、紀念館、歷史遺址等亦可做爲教學的教材來用。因而，上述教材的概念，發皇至大，可謂爲「大教材」。今日老師上課既應就「大教材」的範疇來上，而不可侷限在教科書而已。其理易明，殆無疑義。老師在大教材的範圍內進行「教材聯絡」，〔註9〕實施整合。以下筆者略申可用來教學的方法，或可有下列幾種：〔註10〕

一、電腦教學法

（一）多媒體輔助教學

教師課前把有關的教學內容或資料如圖像、影像、音響、表格、字幕等貯存在軟體內，上課時教師透過對軟體的操作，把相關的內容靜態地或動態地顯示在螢幕上，配合講授、提問、討論等其他教學法來完成教學任務。當教師熟練此一方法的技術和技巧之後，「多媒體」的直觀性、形象化就會跟傳統板書、講述以至幻燈、投影等方法不可同日而語了。此法對學生感官衝擊帶來的效果是傳統的方法所可望而不可及的，而這正是歷史教學想要達到的效果。學生認識歷史或社會學習領域的知識，從感性認知開始，只有「多媒體」才能夠真正形象地復原歷史。多媒體還能夠在同等的時間表象裡提供比講述多以倍數的信息，能夠多方位地刺激學生的感官，調動他們的思維。這些都是傳統教學方法所做不到的。老師只要熟悉使用設備和技術之後，就會很快喜歡此一現代化的教學方法，學生也歡迎這種生動、形象而又內容豐富的教學法。

〔註9〕 教材聯絡論係德國近代教育學家赫爾巴特「統覺」說的一個具體案例。所謂統覺是指新觀念爲已經存在於意識之中的舊觀念所同化和吸收。赫爾巴特認爲任何觀念、經驗的取得都是「統覺」的結果。它主要表現在觀念的綜合，把許多個別的觀念聯合成一般意義上的觀念團。因此他提出了課程綜合化的構想。參赫爾巴特，《普通教育學》（北京：人民教育出版社，1989），頁82～83。

〔註10〕 參考余偉民主編，《歷史教育展望》（上海：華東師大出版社，2001），頁104～107。

（二）人機對話的方式進行歷史教學

此法是利用網際網路，事前按照學習的要求，將教學內容和材料輸入計算機（電腦）並根據某種學習的類型編成一定的程序（軟體），上課時通過學生自行操作或師生共同操作讓學生自主地學習。此法是為了因材施教和個性化學習的需要而產生的，它也適合遠距教學，也可在電腦上透過奇摩家族，開闢線上即時討論，進行師生或學生之間的交流。據筆者所悉，本系（興大歷史系）一位同仁在 SARS 流行期間，即是採用此法在家教學，減少感染的機會，這些外在物資條件的改善，的確為歷史學乃至社會學科的進步創造了極為有利的條件。

二、歷史情景創意教學法

此法是教師根據某一章節教學目標、內容及其特點，創設歷史場景，讓學生在如臨其境的感覺中，進行歷史的體驗和思維，激發求知欲和情感，培養各種學習能力，促進學生智力的發展。〔註11〕一般來說，復現歷史情景的方法有三種：（一）通過原始性或再創性實物復現；（二）運用現代化教學技術手段復現；（三）通過角色扮演、戲劇表演模擬歷史情景。〔註12〕通過歷史情景的再現，刺激學生的第一信號系統，激發學習興趣，感知歷史，由感覺再深入到思維的情感的領域，進而引起認知和情感的變化，達到思想教育和智能培養的目的。

顯然，此一教學法根據的是建構主義的教學理論，遵循的是歷史認識的規律，整個教學活動是在老師指導之下，學生自主建構知識的過程，是讓學生經驗歷史的一系列教學活動，此法無疑地可以大大提高學生學習歷史的興趣，它能夠在一種非說教式的、輕鬆愉快的氛圍中進行思想教育和能力培養。

據筆者聽聞，本系同仁宋德熹教授在其「中國通史」課程當中，亦曾採用此項教學法，企圖復現項羽、劉邦的「鴻門宴」的場景，藉由歷史的教訓與趣味的歷史兩種角度切入，引導學生融入歷史情境當中，據說效果甚佳。

〔註11〕于友西主編，《基礎教塾現代化教學基本功》中學歷史卷（北京：首都師範大學出版社，1997），頁110。
〔註12〕林丙義等編著，《中學歷史課程教材改革評價》（北京：高等教育出版社，2001），頁211。

〔註13〕筆者以為現代史中「西安事變」的三個要角到底談了什麼，也可以透過同學分別扮演蔣介石、周恩來、張學良乃至宋美齡，根據史實來重現，尋求為何最後和平解決並釋放了蔣介石。

也有老師在上有關「經濟蕭條」這一單元的內容時，為了讓學生體驗1930年代初經濟崩潰所造成的個人損失，老師在課堂上讓學生觀看並解釋投射到教室前方的銀幕上，有關大蕭條時代的照片，並提出一系列的問題，從基本資訊提升到批判性思維力的開發，甚至老師通過扮演照片中的人物，再現當時的情景，培養學生捕捉歷史信息和分析歷史現象的能力。這種方式把被動的教師為中心的講授活動，變為富有刺激性的互動學習。

在學習20世紀初華人移民美國的相關章節時，亦可運用此法取得教學效果。上課時，老師儘可能創造當時的情景。首先，讓學生靠在蓋有包裝紙的牆壁上兩人一組站在一起，並觀看來到加州舊金山海岸安琪爾島上的中國移民入境的幻燈片，並讓學生傾聽移民在拘留處生活的原始的歷史錄音，描述他們的生活。老師讓學生設身處地，站在移民的位置上用詩歌表達他們的感情。每聽完一段描述，學生們就在包裝紙上寫幾行詩，酷似安琪爾島上哪些被居留的華人在簡陋的房舍牆壁上書寫那樣。老師鼓勵學生主動與全班分享他們的詩句，然後全體同學一起聆聽華人移民寫的詩。這種以情動人的教學方式，讓學生恍如身置其中。

西方歷史亦有實例：茲可舉（一）16世紀伊拉斯曼（Erasmus）演講「朱利阿斯（Pope Julius II）不能進入天堂」。教師可以把學生分為三組，去思考朱利阿斯能否進入天堂？一組學生扮演公訴人，一組扮演教皇的辯護者，另一組則扮演法官，三組人馬立刻變成辯論中的對手。教室演變為法庭，迫使各個小組的學生們全身心地投入角色扮演之中，去觀察和思考歷史角色，最重要的是三組學生也代表著思想的衝突；（二）審判哥倫布的航海事件：哥倫

〔註13〕所謂歷史的教訓，指透過領導理論（譬如嚴家其《首腦論》）中項羽類型、劉邦類型性格才具的比較，剖析古今管理階層「性格才具影響事業成敗」的關鍵因素。可以指定幾個同學分組進行角色扮演辯論評比，個別提出項羽、劉邦性格才具的優缺點。所謂趣味的歷史，指透過《史記・項羽本紀》、余英時〈說鴻門宴的坐次〉和漢代石刻畫〈宴飲圖〉的場景描繪，設身處地模擬古代禮儀和鴻門宴在主客、君臣的坐次不合之處及其透露出的玄機，順便介紹古人跪坐、箕踞、垂腳高坐椅子的小歷史。以上承宋教授德熹兄補述其詳細做法，在此謹致謝忱。

布到底是一名英雄？還是一名殺人犯？或是二者均可？學生在組織模擬法庭，須先熟讀相關史料，並用歷史事實來論證自己的觀點。學生在此過程中，學會全面考查問題，估量證據是否充足、是否有效，爲辯論作好充分的準備。老師則扮演法官，一方面是維持課堂秩序，一方面則評判證據是否合理有效。哥倫布發現新大陸的過程，到底殺了多少印第安人？給新大陸帶來了什麼災難？指摘哥倫布占領新大陸是錯誤的一方，會認爲哥倫布是殺人犯和偷盜土地的盜賊；辯護者則認爲哥倫布是受上級命令去新大陸的，故他不必負刑責。過程中甚至會出現陪審團也不能作出決定的情況，此時學生會提出許多複雜的爭論，如現實主義、多元文化主義、階級主義、道德審判等等觀念來解釋事情的進程。此時學生正如一個歷史學家在尋找歷史眞相，而不是只記憶前人已發現的歷史事實；所審判的已不是哥倫布本人，而是歷史了。這種教學法，除了讓學生學著歷史知識外，並學會面對和應付多元文化世界裏可能的衝突。

總之，老師在過程中必須對討論加以控管，老師也要避免介入太多，祇能有限程度而已；還有老師也應保持靈活性，隨時有啓發學生的作用。這種歷史情景當中，角色扮演的課程活動，可以讓學生充分的發揮學習的主體積極性，讓學生的交談討論取代教師主導性的講授。〔註 14〕此外，也讓學生學會多角度地觀察問題和研究問題，培養學生的思辨能力和考察問題的能力。

如上，設計歷史遊戲、角色模擬、編演歷史劇等等，確實可以提振學生的學習興趣及提高認職能力，既適合於不同年齡層次的學生，也適用於各種不同的環境，允爲可以好好推廣的一種教學方法之一。

三、歷史問題研討教學法

此法是採用問題研討的方法來組織教學，故名之，也稱作「討論發現法」。此法無固定的教學程序，其基本要素是問題、閱讀、思考、討論、整理與小結。它比講讀法更尊重學生學習的「主體」地位，〔註 15〕教學重心基本移到了學生學習這一邊，讓學生自己完成對知識的概括、提煉和總結。師生之間的關係也更爲平等，學生在探究知識的同時，各項能力都可得到鍛鍊和提昇。

〔註 14〕 中國歷史學會，《歷史教學》，1：2（1998）。

〔註 15〕 講讀法是一種讀教科書和教師講解交互進行的歷史教學方法。其基本教學流程是讀書、講解、小結。參于友西主編，《中學歷史教學法》（北京：高等教育出版社，1988），頁 114～115。

以上三種教學法在目前實施的話，都具有新意，因爲在相當程度上，這三種方法都突出了以學生爲學習的主體性，也在不同程序上脫離了教科書和課堂爲中心。容或這些方法還不夠完善，但筆者以爲配合傳統教學法的長處以及隨著新教學法的改革，必日漸趨於完善。

這裏雖然強調新教學法的重要，但要聲明的本文一點也不否認傳統教學法如講述法、講解法、講讀法、談話法或圖示法等存在的必要性，甚至在現階段各國中、國小硬體設施可能普遍不足的情況下，新教材教法受到影響也不能完全實施之餘，筆者以爲講述、講解的講授法仍然是各種教學法中最爲普遍的一種方法，但是這種方法可能仍然存在「一言堂」、「滿堂灌」、「填鴨式」的現象，有專家指出它在培養學生的能力方面，特別是動手、動口的能力方面不夠。因爲它給予學生這方面能力的實踐訓練機會太少。〔註 16〕學生只能通過老師的講授課程時跟新知發生聯繫，不利於學生學習主動性的發揮。如果長時期單一地使用講授法，將抹殺學生在學習中的主體地位。這種教學方式會使學生產生強烈的抵觸情緒，所以目前在課程改革當中，老師應配合其他教學法（如談話法、圖示法或本節所敘的三種新方法等）一起使用，努力將教法活潑化，激發學生的思考能力和增加學生的學習主動性。其他的教學法也大多有其侷限性，但如能善於利用多種方法，互補互成，尤其引進社會科學的概念、方法和某些技巧注入在課堂內歷史教學法之中，也是必要的。換言之，也就是要增加教學法的多樣性來完成教學任務，則是現代教學方法的一致目標。但要達成教學法的改變和多元，則要在觀念上先做突破，此即下節所要補述的。

參、新歷史教學觀的建立

由於科技的發達，教育理論的演進，陳舊的教學理念亦正逐步翻新。身爲 21 世紀初的歷史教師，亦應具備新的歷史教育觀。

一、新教學目的觀

以往以書本知識的系統傳授和基本技能的訓練作爲教學目的，它注重教學效果的外在變化，及學生是否掌控了書本知識，答題是否正確，成績有否提高等等。但現在新的教學觀注重學生內在變化，及學生的學習動機、興趣，

〔註16〕王鐸全主編，《歷史教育學》（上海：教育出版社，1996），頁 175。

學習和認識歷史的能力以及學習後學生的思想感情之變化都受到關注，而不是牢記歷史時間、地點、人物、事件和背誦教科書上現成的結論。如此才能提高學生的思想素質，提高學生認識歷史和現實的能力。簡單說，新的歷史教學目的觀可說是從追求掌控具體知識轉向爲提高學生素質。

二、改變以教科書及教師爲中心的局面

傳統教學法強調老師的「教」，忽略學生「學」的能動性，知識訊息單向傳輸，視學生大腦爲容器，單純儲存老師教予的知識，這種方式較難創出人才來。現在的老師大多能體認此點，轉而更加注意與學生感情的交流，注意對學生學習能力的培養，亦即從教師爲主軸而師生共同合作完成教、學任務，注重過程中師生信息的交流互動以及學生在學習中的主體地位等。

三、從重學習「結果」轉爲重學習「過程」

過去的教學觀視「掌握知識」爲第一要務，強調學習的結果，則只會把學生引向一個共同的標準答案的方向去，而無任何歷史的思維可言。實務上即導致學生只會死記硬背教科書的答案和變成應付考試的機器而已，其結果長遠而言，無疑是相當可怕的。現今的歷史教學觀已視歷史學習是一個認識歷史的過程，從感知歷史，到思考歷史事件，了解其因果關係，發現歷史發展的特徵和規律，從而認識歷史和現實的過程，亦即達到理性的認知和素質教育的要求。〔註17〕

四、從封閉型的教學組織形成轉向開放型的教學組織式

以前的教學組織形式大都侷限在課業上集體授課，形式單一；在教學流程上固定劃一（復習舊課→引入新課→課授課文→提問鞏固→分派作業），少有變更。新的教學組織形式則在教學空間上變化環境，如改變課桌椅的排列形式，把教室佈置成某個歷史場景等，另外也可走出教室；在教學組織上綜合運用集體授課與活動、分組討論與交流、自學與輔導、收集資料與研究等等形式而不拘於一格；在教學流程上，靈活多變，完全按教學的實際需要來設計安排。筆者深信在現在的教育環境之下，已有許多老師正在努力突破客

〔註17〕雖然有的學者如 K. Popper 不以爲歷史發展有其規律性，而強調其或然性、非本質性，但亦有學者主張歷史有此性質，如馬克思、恩格斯等，本文這裡從後者之見。

觀條件的束縛，創造出各式各樣開放型的歷史教學模式和方法來，一如本文上節所述者然。

五、必須掌握現代化的教學手段和方法

現在想單靠一本書、一支粉筆、一塊黑板的傳統教學手段，就要達到把豐富多彩的歷史形象展現在學生面前，藉以引起學生的學習興趣，引發學生的歷史想像力和思維力，似是不太可能的事。現在教學的模式和方法必須要有現代教育技術和手段的支持與輔助。上節所列的幻燈機、錄音機、影片、電視、投影機、錄影機、電腦……都可導進歷史教學領域之中，不僅可豐富歷史教學內容，且可爲歷史教學方法的革新開闢了前所未有的改變空間，就如上文所舉述的「人機對話」和遠距教學等提示出來的效果一樣，在實現「個性化」教學和因材施教上，有其獨特的功能，並能廣泛支持各種現代教學方法的展開。現在已有大中小學各級學校的老師深深體會到不掌握現代化的（或稱 e 化）教學技術和方法，就不能成爲新世紀的合格老師。〔註18〕

六、從歷史教材教法提升爲歷史教育學

歷史教材教法之名稱、內涵已使用甚久，迄今相關領域之理論、方法已更充實、新穎，足可構成所謂歷史教育學，而另成應用教育學科的一個分支學門。筆者贊成因應這種情勢而予以正名，提昇此學門的層次與定位，俾更有利於歷史教學的發展。〔註19〕

肆、結語

九年一貫的教育新制，才剛上路，雖然總體方向大致明確，但各方反應不一，莫衷一是。新制的各個環節，也都引來不少爭議，諸如社會領域課程改革的召集人和副召集人都是教育學者而非本（社會）領域的學者；課程過份強調「統整」，嚴重背離國內教育生態，師資培訓十分不易；綜合課程是由分科抑或合科來做最佳的體現；新制理念雖符潮流，卻未經實驗過程檢視，

〔註18〕以上五點，參余偉民主編，《歷史教育展望》，頁 98～100。

〔註19〕王鐸全主編，《歷史教育學》及姬秉新編，《歷史教育學概論》（北京：教育科學出版社，1997）等書，皆已用歷史教育學專名，可見有其合理性和必要性。日本、蘇聯更早在 1960 年代至 1970 年代即用此稱，見上列王氏書籍緒論章，頁 2～4。

尤其教科書不及編印，師資也未準備就緒等等，〔註 20〕皆令人堪憂。這些現象顯示當局決策與執行都略嫌草率。本文不樂見國內教學無序或停滯倒退的現象，故不揣讜陋，抒見如上。

但從另一方面來說，社會學習領域是一綜合學習的課程，在國外有些長遠的發展背景，國外在設計、發展此項課程時，即已就其不完整性提出說明及包容。〔註 21〕反觀國內實施此制，當然也可能會遇到類似的問題與困境，這些似乎都可視為常態，不必太過緊張，且需從容解之。

九年一貫既是教育體制的改革，也是教育理念的求新，不管做為歷史教育或社會科學習，本身也需要對過去傳授和目今現狀做一深刻的反思，使歷史知識、歷史觀念和歷史思維能力通過改革，符合新世紀教育改革趨勢的要求。尤其身處於今知識經濟時代，不斷增加的學習內容與學習時間兩者之間的矛盾十分強烈，設置綜合社會課程不失為解決這個矛盾的有效方式和一條途徑，尤其台灣已進入 WTO 的時代，新經濟（New Economy）需要新的人力市場，新的一輪課程改革需要適應這一新形勢的需求，而社會學科教育可以造就出符合適應的人才。〔註 22〕

基於上述的理解，本文在前述提出新教學法的落實和歷史教育觀的改變，配合傳統教學法中一些固有的優點，營創出新的課堂教學法，冀以此為例，說明九年一貫的教改雖造成實質上的危機，但亦可在此改變進而改良的基礎上，有了轉機，促成歷史教育展現蓬勃生機，則是筆者撰文所預期、所樂見的願景，而對下一代高素質人才的培育有所貢獻。

〔註 20〕 參彭明輝，〈九年一貫課程社會領域綱要與師資培育〉及黃淑苓，〈彭文之讀後感〉皆興大歷史系主辦「歷史主專長之師資培育與九年一貫社會領域教學研討會」上發表宣讀之論文（2003.10.25）。
〔註 21〕 李稚勇等主編，《社會科教育展望》，頁 214。
〔註 22〕 李稚勇等主編，《社會科教育展望》，頁 30、322～324。

簡評馮撰《中國美術史》[*]

作者：馮振凱

書名：中國美術史

出版：台北，藝術圖書公司

頁數：237 頁

附圖：172 幀

一

　　本書爲藝術圖書公司一系列中國藝術類叢書中之一，性質屬美術之通史著作。作者爲馮振凱。氏除編述本書之外，復編有《歷代名碑帖鑑賞》、《中國書法史》等同類書。本文試圖在以下幾個觀點來評述該書：（一）做爲一本通史式的美術史著作，本書有何優缺點？優點在那裏，缺點又是什麼？這是最重要主題所在。（二）由本書編述之型態，以及內容的周延性看，是否能兩相得益彰，或適得其反？另外（三）本文擬給本書做一綜合之評介，也就是總記本書之價值。以下將依循這三個方向來評述。

二

　　做爲一本通史式的美術史，一定要能詳盡地闡述自史前時代（Pre-history）以迄於當代（Current history），範圍在上下數千年，縱橫幾萬里才可。易言之，亦即不管在時間或空間的領域裏，都要能扼要而且不失之於簡地加以介紹並且論述；不僅要能顯示出時代的特性，更要能掌握地域的異同相；不僅要明白表示出時間的傳承衍流，並且約供出藝術同殊性的顯影。基於此項準則，我們來審查馮著此書否能達到這個最基本的要求？

---

[*] 本文原刊於《書評書目》第 96 期（台北，1981.5），頁 108～112。

　　馮書名既爲《中國美術史》。顧其名而知是專述中國先民在藝術創作中所表現出來的成就，透過歷史的眼光，加以整理、分析、批判、綜合而得到研究成果的一本書。是書按年代編年體之方式，從第一章「三皇五帝時代的字文畫述起」，仿中國歷史朝代興革，第二章三代的器物畫、第三章春秋戰國時代的繪畫、第四章秦、第五章漢、第六章三國、第七章六朝、第八章隋、第九章唐、第十章宋、第十一章元、第十二章明、第十三章清逐次加以敘述。

　　依此體例，雖能包容中國歷史的大部，然而由篇目可見本書是以「繪畫」（Painting）來涵括「美術」（Arts），這是書名與內容不甚符合之處。因爲繪畫只是美術之中的一支，美術除繪畫外，還有書法、建築、彫刻……等等，因而本書正名似應是《中國繪畫史》，而非《中國美術史》，前者永遠不能包括後者，雖然撰述者用了美術的偏狹定義。故撰者犯了本末倒置的邏輯錯誤，這是首先要指出的。

　　今姑以繪畫論之。書中首章述傳統時代之三皇五帝的字文畫，實際無法盡括先民創作藝術的成績。由本章之文字，我們無法看出早期的原始繪畫，字文固可視爲畫的藝術之一，但人類一旦有字文之出現，已是晚期的事，故而本章少了重要的早期先民之藝術創作。今之西洋藝術史之作品，多能顧及早期人類的創作成績，而該書無之，故希望以後若修訂時，能再補入，則無疑美事一樁。第二章述三代的器物畫，也失之過份簡單，對各器物之名稱、形狀、用途以及飾紋、圖案所表現出來的意義，也未作深入探討，流於平泛。本章文字之敘述與附圖沒有密切結合，也是缺點。第四章其實可以附在第三章「春秋戰國時代的繪畫」中加以說明，或者在第五章「漢代的繪畫」之前頭加以敘述，事實上秦祚甚短，統一帝國之後藝術形態的表現，實無以脫離其前戰國時代甚至是春秋時代的影響，而秦承春秋戰國時代藝術之創作經驗，下開漢代以後繪畫之風格，就歷史之持續性（Continuity）言之，實又不必分割到如此細膩的田地。由此斷之，作者之歷史訓練不夠成熟，並非就朝代先後編述即可表出「史」的特性。本書一貫的表白方式，由前到後，一直缺乏章節相呼應的關聯性，讓人讀來有似宋之繪畫只全屬於宋的，與唐五代或元皆漠不相關的感覺。同理推之第八章似可包括於第九章之內合述之；另外，本書僅撰至清代，顯然結束過早，民國時代，受歐風美雨的影響很大，無論就美術的原創觀念，以及環境、時潮而言，與傳統中國（Traditional China）都截然不同，其間之相異，正可大書特書，編述者自動放棄，殊爲可惜，故盼以後能再闢出一專章論之，使該書更爲完美。

　　以上略述者，是該書之短處所在。但本書是否即因此而無足一觀呢？

　　凡有創作經驗的人，都知道成書不易，其間過程，往往備極辛勞。才氣大者，功力深者，其書往往有可以與其辛勞成正比例的收穫；但雖才大功深者亦不能照顧周全，況其下者乎？因而，我們常必須就重要的或熟悉的去撰寫自己的心得，雖因而不免掛一漏萬，卻也較無懈可擊。故請以馮著該書之優點敘之，再於以下定其可讀性之高低。

　　本書撰寫文字淺顯，雖不夠嚴謹，也不做注，但對初學中國繪畫史者，可做基礎讀物，俟對繪畫史稍有了解之後，再讀他書做更進一步的研究。故我們相信，對於初學者或約略相當於中學程度者，本書仍有助益。

　　第二則優點當是附圖包括黑白彩色在內，共有三百餘幅，對於二百餘頁之書而言，尚稱不少。這些圖片，就一繪畫史之書而言，實是必要的。而且作者依畫之早晚按朝代整理彙編，廁於章節之中，輔助說明，使內容更加充實，而且在篇末，並按年代先後，舖出圖頁百餘幀。吾人可由這一系列的作品，觀摩出繪畫風格本質之不同與轉變，這點頗可補書中文字敘述的不足。

三

　　無論如何，即使不就「中國美術史」（該書附英文書名為 *The History of Chinese Arts*），而只就中國繪畫史言之，本書雖有 237 頁，但文字之敘述只有 153 頁，以 153 頁短少的頁數，還附有 172 幅圖照，佔去不少空間，故本書文字敘述之少可見。要從這百餘頁的篇幅，窺出整個中國繪畫史，事實恐不可能。即使作者功力深厚，裁翦幅度，能夠做到「麻雀雖小，五臟俱全。」恐怕還是要失之簡陋。故我們無法祈望在這百來頁的文字之中，想了解全盤的中國繪畫史。即使書名改為《中國繪畫簡史》，鄙意以為仍然太少文字之敘述。

　　復次，本書作者章目之安排，除在上節中提及其限制性，無法包容全部外，作者對各個朝代之研究，似乎也有比重大小的區別，第一章共 5 頁，第二章實 8 頁，第三章 6 頁，第四章 3 頁，第五章 11 頁，第六章 2 頁，文僅佔三分之二頁，一頁還不到。（如此怎可單獨成立一章以討論敘述整個三國時代的繪畫成就呢？於此撰者之態度頗嫌草率。）第七章六朝時代的繪畫則自第 30 頁至 49 頁，文佔 8 頁，餘均圖片；第八章佔 4 頁，文圖各半；第九章由第 54 頁至第 65 頁，亦圖文各居半；第十章論宋代之繪畫，則自 66 頁至 97 頁；第十一章元代之繪畫，乃由第 98 頁至 109 頁；第十二章明代之繪畫，則自 110

頁至 135 頁；最後一章清代的繪畫，則由第 136 頁至 153 頁。由以上可見作者特別偏愛宋、明、清三代，此三朝佔去全書之半，其餘之朝代則只佔另外之半，可見作者無法籠罩繪畫全史，當然，此枯彼榮的現象即無法祛除。這是裁翦得宜之否的問題。雖然繪畫自宋後，才發展到鼎盛高峯，篇幅自會耗去大部，但以三朝比之另外漫長的十來代，筆者覺得不無研究及商榷的餘地。因而，就以上簡單的統計看分佈平均與否，再析其文字與圖照，我們似可以明瞭本書之編排型態，已無法在內容的周延性求得較爲完整的偏顧。

四

最後，本文要針對本書之價值，提出一綜合性的看法。以上兩節，我們只提出兩個角度來看本書之成就而已，略如上論，於茲不贅。事實本書尚有校對不精之處，錯字尚可見到，另外作者行文也不夠嚴肅，虛字過多，破壞文體之完美，甚至在敘述一時之繪畫時，有不必詳談者卻猛談，而於傳承及演變之處，卻語焉不詳，或者交待不夠詳密，令人無法把握時代繪畫之精神在何處，也無法明瞭各個時代繪畫之特色是何？這對於要明白整個中國繪畫史的人而言，是一種難以補償的損失。

以是，吾人似可斷言本書在史的舖陳敘述方面，較勝於史的連貫性以及起承轉合處。另外，本書既談中國人的美術創作成果。似乎還可以加上一點美學理論，幫助讀者了解先民之創作，帶領讀者到更高的形而上的意境，更能讓人體認中國文化遺產的菁華，加深對中國文化的認同感。當然，我們不能硬把西洋的克羅齊的（Croce d.1952）、柯林吾（H.G. Collingwood d.1943）、托爾斯泰或卡西勒（E. Cassirer）的美學觀點，套來解釋中國藝術。我們要中國人固有的對美術的見解。透過作者的學養，表達出來，這點對已出版的本書，只祈以後能加修正，或且增補，更對欲從事美術史創作的人來說，提出一項期望，希望有人達成，嘉惠後學。

個人讀馮著此書時，總覺得不夠滿意。在結構方面，我深感不夠恢宏，也不夠嚴謹；在內容本質上，亦覺乏善可陳，不夠深入，也不夠精密，其原因已在上文陸續表示出鄙見，但對於馮氏作此書的貢獻，卻也佩服。「美術史」的研究，是人文科學中一個重要的部門，在其他國度裏，如日本、美國、英國、法國、德國，重視該門學科之程度，比之臺灣、大陸都有過之而無不及。透過美術史的研究，不僅可以肯定人類（先民）的成績，更可對當代人構成

一種「我亦如之」的成就感，其意義不可小視。因而，即使基於愛之深責之切的觀念，我們不能說馮先生此書是一本好書或經典之作，但撰寫此書仍是值得我們欽佩與鼓勵的。我切盼的是馮書已在國內研究美術史的領域裏，立下一個基石，讓後學在此基石上，從事更高層的建樹，如此以提高我們的美術研究水平，相信是一件對國人有裨益的事。

評介黃著《魯迅與現代中國之新文化運動》[*]

作者：Hung Sung-k'ang（黃松康）
書名：Lu Hsun and the New Culture Movement of Modern China
出版：Djambatan / Amsterdam, 1957, Printed in The Netherlands
頁數：vii+141 pp

　　李歐梵先生精研近代中國文化史，夙即發願擬寫有關魯迅之書，惜迄今未成；同樣，在臺灣地區研究魯迅與現代中國之書，因材料蒐求不易以及其他的不便，迄今亦乏足資翻閱之書。然而，除了臺灣之外，研究魯迅的作品卻多如過江之鯽，地區遍佈日、俄、英、美及其他各地，諸如黃松康博士所寫《魯迅與現代中國之新文化運動》，即是在英國劍橋大學研究期間所著成，於 1957 年在荷蘭印行。

　　魯迅與林語堂是現代中國兩位世界級的作家，影響及於全世界的讀者，唯林語堂直接以英文著作，而魯迅的作品則透過外國作家的翻譯，是兩人的不同處，但兩人的大作具有高度的藝術精神與技巧則同。尤其魯迅的思想富於劃時代的歷史因素，所以其影響現代中國的發展方向，無疑是一股龐大的力量。

　　魯迅生前即擁有崇高的聲譽，甚獲當時年輕一輩的尊敬與崇拜，死後更由於中共頭目的高捧，令聞直上雲霄。儘管如此，生活的不安定，黨派的糾葛，以及晚年疾病的折騰，魯迅也嚐盡了相當不如意的流離顛沛。由於魯迅的聲名之高，謗亦隨之，他的思想也就很少有系統地被分析整理過，倒是一些流於謾罵和有意歪曲的空談著作，充斥書坊，不說大陸時代如此，1950 年後鄭學稼的《魯迅正傳》（香港，1953）、蘇雪林的《我論魯迅》（文星，1967）

---

[*] 本文原載於張玉法主編，《中國現代史論集》（台北：聯經出版事業公司，1981.12）第 6 輯，頁 473～478。

皆屬是類，較有客觀見地與學術修養的胡適之、林語堂及梁實秋，在他們憶敘五四時代以及魯迅之時，則常能秉心公論，殊少謾罵與歪扭。那些空談主義者，往往以一知半解的口吻，用淡淡的閒情來議論魯迅，做為學術論作，是半文不值的。

儘管魯迅後來走向共產主義，那是晚年臨死之前五、六年的事，他的大半生仍然與共產黨無關，我們不能因噎廢食，以五年的時間抹殺了其他的五十年，他的重要著作及思想菁華都成於青壯年時期，他攻訐的對象並非國民政府，而是代表中國思想裏頭的封建腐敗的成分，因而，研究魯迅生平與共產主義無關的思想，應該是值得鼓勵的。

以謹慎的態度從事切實的研究，不包含黨派成見的論述，黃松康的這本《魯迅與現代中國之新文化運動》足堪擔當。黃著此書捨引言與結論外，分七章敘述，著重在魯迅的思想及與新文化運動的關聯。茲分章敘其大要，以觀概括：

引言甚短，主在說明新文化運動是繼承康有為、梁啓超所提倡的改革思想，使中國變成一現代化和獨立的國家，其精神即在全面否定所有基於儒家的思想、社會和道德觀念，也就是否定舊傳統的權威，並且毫不帶批判地輸進西方的思想（此即林毓生在《中國意識的危機》中所說的整體性的反傳統主義 totalistic anti-traditionalism）。魯迅並非是新文化運動的先驅者，但自 1918 年後，魯迅即扮演了重要的領導角色。

第一章「中國文化啓蒙的時代」，重述民國建立前後，中國知識分子因應西方入侵謀求中國復甦之道，主創新文化使中國成為一可立足於世界的現代國家。因應改革之道，首由文學做起，再及政治、社會等其他方面，而文學改革是由胡適一篇刊登在《新青年》的〈文學改良芻議〉與陳獨秀的附議所引動的，配合著 1919 年的五四運動，終於爆發了全國性的新文化運動。

第二章「五四前夕的魯迅」，魯迅 1881 年生於一家道中落的士紳家庭，性喜鄉居，好讀野史韻文，對中國有一分深濃的愛，立志為中國的貧困和不幸的人服務；他舊學深邃，但不喜歡中國的舊學問，在接觸到赫胥黎的進化與倫理（Evolution and Ethics）以及西方的哲學遺產之前，不以為曾經學到什麼，魯迅的生活觀即種植於生物進化的觀念。他在中國唸了水師學堂、礦路學堂，後赴日學醫，因境遇故，感覺唸醫不足以救中國，乃改選文學做為他的終生事業。

　　第三章「現代中國文學的基礎」，1918 年魯迅在《新青年》發表〈狂人日記〉，奠定了新文學的方向。從此以後，魯迅即挺身向封建思想做赤裸的挑戰，作品源源而出，以雜文和小說成就最大。小說有《吶喊》(1923)、《彷徨》(1926)等集子，篇篇都是由不同的角度來鍼砭固有的封建思想。他的小說融合了中國傳統寫實小說的技巧和語言的美，以及西方文學的形式與結構；其文學觀有俄國的實在主義（realism）、西方浪漫的傾向和來自他個人親身的體驗，他所表現在文學作品內涵的是實際的愛國主義（realistic patriotism），以之為基架發展種種小說和雜文，目的即顯示其寄望以社會改革做為國家全面改革的熱忱。

　　第四章「不朽的阿Q」，描述創作阿Q之過程與阿Q的意義，對於阿Q，即使未看過《阿Q正傳》的人，或曾耳聞，阿Q在魯迅筆下已變成盡人皆知的不朽人物，茲處可不贅其內容及影響之複述，唯作者提出他對阿Q與中國命運的看法甚為精當：(一)、魯迅說出中國人逃避現實的弱點，阿Q是國家精神和國家自信復活最大的阻礙。(二)、魯迅指出 1911 年辛亥革命的不澈底，其失敗處，即缺少羣眾的支持，因為羣眾還未完全醒覺。(三)、中國黑暗的根本原因即如阿Q所表現出來的完全無知和非理性的混淆不清。

　　第五章「思想革命」，申述思想之改革先由「文學改革」對手，用新的文學（白話）疏通新時代的思想與理念，擯棄舊傳統的文以載道觀念。這當然引起了一班守舊派如林紓、章士釗等人的激烈反對，但五四運動熱潮席捲全國後，白話即佔盡上風。五四之後不久，1921 年以後，新文學陣容又分裂成以胡適為主的自由主義派，和陳獨秀、李大釗為主的社會主義派。分裂後思想界成真空狀態，魯迅於此時填補了這個缺陷，繼續從事新文化運動。魯迅專其心力創作雜文，作為思想利器來服務政治革命。他的雜文針對打著民主科學而實際附和腐敗官僚的外國本質派如陳西瀅，以及守舊的國粹派如章士釗等。當時各派混殽在一起，似無一固定的評判標準，各派的學者都各有其不同的學理和相互衝突的理念，極其混亂。年輕的一代不知真理在何處，無所適從，魯迅為了護衛年輕的一代，比保護自己更甚，因此他重操利筆寫雜文，攻擊黑暗政體，為與中國革命並駕齊驅的中國人民之實際需要而付出心力。加上這時政治上段祺瑞對學生的迫害，五卅慘案的發生，魯迅更堅決地站在年輕人的一面，向黑暗勢力作無畏的鬥爭，因此這時的魯迅是四面楚歌，備受攻擊圍剿。

　　第六章「從文學革命到革命文學」，從五卅慘案發生後，代表五四時代的西方自由主義思想已經退潮，另外一種意識型態引導中國進入新的里程，由於社會及政治背景的影響，現代中國文學的方向，推展到了「革命文學」——普羅文學。文學的改革，不只形式，現在進到內容也做改變，文學變成一種工具，以文學暴露羣眾所生活的是一冷酷、無情、矛盾、病態的社會，以文學來喚醒羣眾，魯迅不用說是站在這一邊的。他領導文學研究會，並進而領導左翼作家聯盟，對於當時的社會與政治黑暗勢力施以無情的打擊，知識界發展趨向在此時有了一決定性的轉變，促成中國循此路線走向社會主義。這是「革命文學」目標，魯迅是領導中心。

　　第七章「新文化運動的最後階段」，敘述 1927 年至 1929 年魯迅由個人主義的小資產階級主義走向一集體的無產階級，亦即從人文的改革派走向科學的馬克思派，文中敘述轉變的理由非常翔實，作者也說明 1927 年魯迅尚非共黨黨員，共黨也未把他列入他們的陣營之中，但他的思想在此年開始轉變是無疑問的，到了 1930 年即公開加盟，並在這個時期，領導「左翼作家聯盟」進行思想鬥爭。由於魯迅的出任，因而在：（1）1930～1936 年對個人主義的自由主義鬥爭非常成功；（2）攻擊國民政府的安內攘外政策的不智。作者以為魯迅在思想前線上的角色，正如政治前線上的毛澤東。

　　最後結論時，作者引用湯恩比對文化的見解「挑戰與回應」來解釋中國文化的再生與復活。魯迅認為解決中國的問題，除了透過政治、社會和經濟外，還需要思想的改造，中國人民不可能只滿足於物質上的進步，他們還需要一個新的靈魂。

　　綜觀上列所介紹的，我們可對黃著內容有一粗略的了解。

　　魯迅的思想是多方面的，其研究也是多方面的，因而對魯迅的認識是無法兼顧全面而只能理解其某一部分，只能就某一個角度對魯迅作局部的觀察與檢討。而讀了本書我們可以對魯迅的思想脈絡有一非常清晰的概念，作者提綱絜領地掌握住魯迅思想中的要質——實際的愛國主義，來綴穿其文學作品，對舊有中國封建落伍的精神作無情的摧毀，魯迅的愛國主義是廣義的，並不包容於任何黨派的主張或教條，這是魯迅真正的思想。舊傳統腐蝕的部分，雖然堅固地佔據大部分中國人的行為與思想，但在魯迅戰鬥文化精神面前則軟弱不堪，新的中國在魯迅思想下逐步建立。

　　對於魯迅的探討，前述的章節我們或許可以發現作者有高捧魯迅的地方，如貶低了甚至未提五四時代其他會社對於新文化運動的貢獻，而獨獨對魯迅的文學研究會與左翼作家聯盟作誇張的渲染，這無疑犯了主觀選擇過分偏重的毛病。胡適、陳獨秀、錢玄同諸人對於提倡新文學的功勞，抵不過魯迅一篇「狂人日記」所代表的真正新文學的成就，這都是令人難以完全同意的。

　　本書在討論魯迅的思想，正如前述是頗為成功的，但作者也遺留下魯迅在藝術成就和生活層面的空缺，待諸後學者作更進一步的研究。在內容上，若能再及於這些方面，則更能描繪出魯迅的全貌。黃博士在寫作上，都就魯迅生平重要的階段與歷史配合敘述，因而能把握現代中國與魯迅思想兩者的變化。詳細地說，中國歷史客觀環境刺激了魯迅思想的成長和變遷，但魯迅思想的內涵，就長遠的立場來論，也影響了中國的歷史方向。假若作者能在書末附一魯迅的簡略編年體敘述性的文章，對照著閱讀，則更能收益。

評介鄒讜著《美國在華之失敗》*

作者：Tang Tsou（鄒讜）

書名：America's Failure in China, 1941-50

出版：The University of Chicago, 1963; Phoenix Books, 1967

頁數：xiii+614

　　中美外交關係密切，不是昨日之事。自西力東漸，中美之間的接觸與交通即日趨頻繁。到了 1899 年美國國務卿海約翰（John Hay）宣布「門戶開放政策」，中美關係進入了新紀元，美國普遍獲得中國民眾的好感。此後繼第一、二次世界大戰以迄於今日，中美兩國榮戚與共，併肩合作，關係比以往更加密切。

　　芝加哥大學教授鄒讜對於近代中美外交關係有很深入的研究，《美國在華之失敗（1941～1950）》是其研究成果之一。是書凡六百餘頁，分兩冊裝訂。在內容上，分四部十三章敘述中美從「門戶開放政策」宣布開始，迄於韓戰中共介入戰場爲止的種種關係，而主題置於 1941 年後美國參戰與國民政府共同抵禦日本之侵華行動、調停國共鬥爭，以及韓戰和中共變成一強權三方面。在第一冊有兩部分，第一章引言，列於卷首。第一部分是「使中國變成強權」，分二、三、四章敘述。第二部分是「以和平方法促使中國變成統一且民主的國家」，主要包括第五章「中國的權力鬥爭與美國政策的影響」、第六章「美國對中國共產黨的幻想與美國政治傳統」、第七章「雅爾達密約與中國和平統一的政策」、第八章「赫胥黎計劃的挫敗」。第二冊亦分兩部分，第三部分「有限支援政策的極限」，有第九章「馬歇爾的中國策略」、第十章「馬歇爾使華」、第十一章「片面撤退，有限支助乃至放棄中國的決策」、第十二章「解放與阻遏」。第四部分「諷刺性的結局」，僅含第十三章「韓戰與中共變成強權的危機」。

---

* 本文原載於張玉法主編，《中國現代史論集》（台北：聯經出版事業公司，1982.4）第 9 輯，頁 423～428。

　　本書內容詳贍，包容中國大陸變色的原因與過程，這是中國現代史重要的一環，因而本書的參考性及可讀性相當高。因爲內容的繁複，本文先擬對抗戰以前中美外交關係作一概略的評述；而抗戰以後迄於韓戰部分，留待以後再加介紹。在時間的限度，本文的評述截止於 1945 年，適在全書標題的上下時限（1941～50）之中間。然而，本書對國共問題與中美關係的探討顯比抗戰期間中美的合作要豐贍得多，爲分界清晰起見，本文即在美國介入國共問題之前打住。

　　第一章「門戶開放政策與美對華政策的型態」是全書的前奏曲。美國在 1941 年對華的外交政策之由來，仍須追溯至 19 世紀末傳統美國對華的態度。從早期中美關係言，海約翰的門戶開放政策主要在維護中國領土和行政主權的完整，免卻列強的侵奪與瓜分。此政策的思想背景是美國傳統的孤立主義，在遠東比在歐洲主動而且具有調解仲裁的作用，然而仍以不悖美國利益爲前提。因而從 1900 年後美國歷任總統對華政策的不同，都在理想至現實之間徘徊，在計劃（programme）與實踐（practice）之中顯出矛盾。

　　第二章「美國的觀念與中國的實際」。美國基於本國的安全與成功的聯盟因素，希望利用蘇俄和中國的人力資源來跟日本作戰，因爲這兩國在地緣關係上離日最近，因而羅斯福希望能把中國造成一個與英、美、俄同樣的強權。可是這個策略本身是無法成功的，理由有下列幾點：（一）、當時中國外有日本的侵略正熾，內有國共的鬥爭正烈，美國強使中國變成強權的觀念，雖然促使國共聯合抗日成眞，但並不能維持長久，而對日作戰實際上削弱了國民政府的威望與能力；（二）、美國忽略而且誤判了蘇俄世界共產運動的意向，這期間中共、俄共的防美力量不小；（三）、美國官員不能眞確明白當局的這項政策，以便推行之；（四）、國民黨有分離之暗示，美國轉而企求中共的合作。而這個時候中國的實際情況惡劣；日軍殘殺國軍甚厲，共產黨乘機控制了中國最重要的地區，中下階層疏離了國民政府，官僚和軍隊的腐敗使國民政府威望大降，而美國也發現各省的軍隊服從他們原來的長官比服從中央政府還甚，而美國軍援的對象是中國軍隊，不是某一個人的軍隊，種種因素使「中國變成強權」的構想與中國的實際不能配合而終歸失敗。

　　第三章「外交行動與軍事戰略」。美國介入太平洋戰爭後，外交上即提升中國與美英俄於同等地位，並廢除治外法權及其他特殊權利。1943 開羅會議宣稱戰後中國可以恢復失土，同年 10 月更有四強宣言等等，美在外交上有一

連串利於中國的措施。而在軍事上，也派出史迪威為中國戰區統帥的參謀長，協助抗日。然而軍事上這份使任工作，卻引發了「史迪威事件」。作者的論述是根據多種美國資料所寫成，與中國方面所了解的有很大的出入。但無疑對此一真相的理解，有極大助益。

第四章「有限但無條件支持蔣介石的政策」。美國的軍經援助只加重了中國的黨爭，無法解決中國的問題。由於國民政府越到戰爭後期越倚賴美援來爭取中日第二次戰爭的勝利，以及戰後對共黨鬥爭的復活，因此美國乃能挾軍經援助以影響中國的內爭。不過，羅斯福因為怕國民政府與日本取得片面的和平（separate peace），仍不敢過分對之施加壓力，直到 1943 年年底，局勢才改觀，這是因為開羅會議後，蘇俄應允參加對日作戰，以及美國決定利用太平洋島嶼攻擊日本，中國戰區的重要性迅速卜跌。而陳納德與蔣介石之空軍計劃過分龐大，羅斯福無法應允，乃對中國施加壓力。羅之改變態度，由下列事情可以見其端倪：(1)拒絕 1944 年 1 月國民政府一兆美元之借貸要求；(2) 1944 年 4 月強迫國民政府從事緬甸防衛戰；(3)同年夏天有意派史迪威擔任中國戰區總司令，凡在中國之國軍、共軍、美軍全歸史氏統制，蔣介石乃決定請美國召回史迪威，否則寧願單獨抗日，結果美方的壓力無效，召回史氏。但是此事造成美國官方很深的挫折感和失敗感，羅斯福開始改變戰略，減少美方軍援，並改採躍島策略攻打日本，最重要的是最後完全放棄使中國成為一個強權的可能。作者承上章繼續探討經由史迪威、蔣介石、羅斯福之間的關係尋求解釋中美之間外交的實質變化，其論述頗能圓滿解釋國民黨在抗戰後，力量轉衰的史實。

第五章「中國的權力鬥爭和美國政策的影響」主要在描述共黨乘機坐大，由下表可見一斑：

年　份	佔領區（方哩）	佔領區人口（萬人）	正規軍（萬人）	地方軍（萬人）
1937	陝北及少數乾旱區　35,000	150	10	
1943	155,000（敵後區 67,000）	5,400（敵後區 4,000）		
1944（10月）			47.5	
1945	225,000	6,500	91	200

　　共黨的擴大，說明國軍的圍剿越來越困難，國共鬥爭也愈演愈烈。這時美國的政策仍然是希望支持中國人民建立一自由統一的民主政府，因而盼望中國境內有統一的反日軍事力量。1943 年周恩來與當時蘇俄駐華大使共同拜訪美使，指控國民黨武力攻擊的嚴重威脅，美本不擬干預中國內政，但強迫國民黨在抗日期間，不要對中共採取行動。1944 年，國共鬥爭白熾化，華萊士奉命使華調停紛爭，華萊士告訴蔣介石說中共是國際共產主義運動的一支部，國民黨勿公開批評中共屬於第三國際，以免與蘇俄正面敵對，中共是很成功地利用了美國來箝制國民政府，華萊士告訴蔣在中國抵禦共產主義最終的辦法是土地改革，但當時沒有機會執行。本章敘抗戰後期國共激烈鬥爭和美對華之干預甚詳。此後即進入國共爭戰階段。

　　作者透過中美外交關係來研究 1941 至 1950 年之間的中國問題，無論在早期列強瓜分中國時代，還是在日本瘋狂的侵華和國共爭戰時代，都透過世界領主的美國與中國的關係之演變來詮釋中國的歷史。作者旁徵博引，凡有關之美國檔案、專刊、書籍幾無不引入，因而論見頗見圓通，祇是未引用到國內的史料（或許尚未公開之故），不免有些遺憾。其中的論點，也許不無別有見地的可能，事實也可能與作者所敘有違，但由於可用資料有限，在國內作此方面的研究恐怕也不容易，我們只能期待來日史料檔案開放之時再作進一步研究。

評介加藤繁博士有關
宋代戶口的論文三篇*

　　宋代戶口統計，在中國歷史上顯得非常突出，若戲謂之「空前絕後」亦未嘗不可。中國歷代每戶平均口數，由下表可見：

朝代名稱	平均戶口比率
西漢	4.9
東漢	4.9～5.8
隋	5.2
唐	5.7～6.0
宋	1.4～2.6
金	6.4～6.7
元	4.5～4.7
明	4.8～7.1

資料來源：歷代統計，引自 John D. Durand，〝The Populat ion statistics of China, A.D.
　　　3-1953〞*Population Studies*, Vol.13, Part3（Mar. 1960），P.212.

　　何以宋朝戶口比例頓然減少如許之多？——中國、歐美及日本學者都曾經針對此一問題熱烈討論過，但台灣地區學者的研討流於點到為止，過分簡略；歐美學者雖能不受中國傳統看法的囿限，隨時提出金、遼之戶口彌補宋代戶口，做整盤的敘述；然而，若論對宋代戶口的討論精深，接近真實層面，

---

* 本文原刊於《中華工專學報》6（台北，1991.1），頁 311～313。

仍以日本學者成就較偉。因而請就加藤博士有關宋代戶口之系列三篇略加評述。

〈宋代的戶口〉發表於 1930 年《東洋史講座》卷 14，迄今已過半世紀之久。這篇論文，主要即在研究統計上宋代每戶平均口數只有 2 人左右的特殊現象的原因。首先作者引用《宋史・地理志序》、《玉海》、《會要・食貨》、《文獻通考・戶口考》、《隆平集》、《建炎以來朝野雜記》甲卷等書籍列舉宋朝（A. D. 966～1223）戶口統計之數，求得戶與口之比率爲 1：2.2。論斷力主李心傳所稱述的「蓋詭名子戶漏口眾也」的說法是正確的，並反對沙伐諾夫（Sacharroff）的「分家說」和翟理斯（L. Giles）的「男口說」可以成立。除此之外，他並細審地對小孩、兵士、道士與僧籍之人士對於當時的戶口統計，加以翔實地考察。更就唐宋兩代敘述了主戶（土戶）和客戶的意義、戶口分佈的變遷，對於宋代戶口這一個主題所引發出來的問題有了更深層次的探索與說明。無庸提起，這對宋代戶口的解釋，已不是中、美的一般學者所願下而有的精湛工夫。

由於〈宋代戶口〉裡對主客戶的研究，加藤更發展爲〈宋代的主客戶統計〉一文，發表在 1933 年 8 月的《史學》第 12 卷第 3 期。這篇論文中，就主戶和客戶的意義作了更透徹的發揮，同時檢查全國主客戶之統計，算出客戶比率，研究各地方的自耕農和佃農之多寡和增減，推定農戶生活安定的成份大小。加藤氏以爲宋代主客戶之區別顯然根據不動產的有無來決定，主戶中的大部分是土著人戶，但土著人戶失去產業，亦可能被編入客戶；客戶是指外地遷來的人戶中沒有土地與住宅（或單指土地）的人，但他們一旦得到田宅後，也可加進主戶（土著）之列。主戶大都是自耕農，擁有自己的土地，客戶則大多數是佃農；主客戶之比率，在各州府路不一定完全相同，但客戶之比率小，說明佃農少，自耕農多；客戶之比率大，說明佃農多，而且有大地主存在。通常，兩浙路、蘇州客戶比率小，梓州路客戶比率大。作者對南渡前後之主客戶統計兼顧，並製定五個表，來詳細討論各州的主客戶。一般而言，客戶數目數少的州，可以認爲是生活較安定的明證。這些表非常有參考價值。

當然，加藤氏的戶口與主客戶統計兩文發表以後，引起爭論是不在話下。在 1936 年，青山定雄把每個同一地域的唐宋兩代的戶數加以比較觀察，結果主張：無論析戶、詭名挾戶；無論漏口，都不能認爲每戶平均口數激減的主

要原因，口數激減之理由畢竟是因為只算男口或者丁數（說見《歷史學研究》第 6 卷第 4、5 號，青山定雄〈隋唐宋三代戶口的地域考察〉）之故。同年，宮崎市定提出男口說或男丁說（《史林》第 21 卷第 1 號）；日野開三郎的漏口詭戶說（《史學雜誌》第 47 卷第 1 期〈論宋代的詭戶並及戶口問題〉）；曾我部靜雄也依宮崎說法，認為宋代的人口統計單指男子的人數，以致有偏低的現象（見《社會經濟史學》第 8 卷第 5 號〈宋代的身丁錢和戶口數問題〉，1938）。加藤博士把各家的說法綜合在一起，再詳加批判，最後，依然堅持了自己的說法。此即第三篇〈宋代的人口統計〉一文的來源，發表於 1940 年 3 月 11 日的《東方學報》東京版第 11 冊第 1、3 分冊。

透過以上三篇文章，我們可以對宋代的戶口有一深切的了解，尤其是第三篇〈宋代的人口統計〉是作者集合了日本史學界有成就的學者，對於宋代戶口的不同看法提出反駁的論說，我們可以窺出整個日本史學界當時對於此一問題的重視與探討，由於他們往還的論駁因而受益匪淺。反觀國內史學界，對於經濟史的探討似乎缺乏蓬勃的朝氣。全漢昇先生是國內史學界研究社會經濟史較早也較有成就的先驅，可是所重也偏在其他方面，直到後來全先生主持了一次宋史座談會（記錄收在《中國經濟史研究》中冊〈略論宋代的經濟進步〉一文），國內有蔣復璁、林瑞翰、宋晞諸先生對人口統計提出說法，可是所論不出加藤氏在 1930 年代論說的範疇之外。由此體認，史學界有必要在社會經濟史方面下更精密的工夫，以與日本歐美學者齊驅而不負史學大國的聲聞。

加藤博士對宋代戶口的論斷係採李心傳的漏口說，國內學者今也多採此說，似乎已成定論，不能不說是他對宋史的貢獻。其研究方法主在徵引材料旁博可靠，舉凡正史、地志、政書、雜史（特別是引用了詔令奏議）都蒐羅殆盡，並一一論析，舉證詳贍，可謂精審之作。只是，考證味道極濃，對於當時社會經濟變遷的解釋嫌少，讀其文章，因或不免有煩瑣之感。不過，這或許與當時學風有關，說明加藤氏也身不由己地難以擺脫「時代」因素的影響。

根據加藤之文，今天還可以在下列諸事：（一）在唐宋南北人口的增減和人口流動兩方面，對宋代社會經濟結構的影響；（二）由主客戶的統計去進一步發現耕地所佔的比例大小，研究農民生計；另外（三）在主客戶的意義，加藤已很清楚說明，但對於主戶變為客戶，以及客戶變為土戶，在制度法令

列等問題，都可再做進一步探索。儘管如此，針對宋代戶口比率偏低的現象，加藤的解釋算是很充足的。

最後，必須聲明的是，所評介的三篇文章都是採取台北華世出版社的《中國經濟史考證》一書（頁 755～834）。至於今人研究歷史人口（historical demography）之取向已有很大的不同，茲處則避免以今評古。

全漢昇、加藤繁、何炳棣三氏
《行會館史》綜評

　　茲處所評係全漢昇《中國行會制度史》（台北：食貨月刊社，1978，台再版，凡 218 頁）、加藤繁〈論唐宋時代的商業組織「行」並及清代的會館〉（收於氏著《中國經濟史考證》，頁 377～411，台北：華世出版社，1976 譯本，初版）以及何炳棣《中國會館史論》（台北：學生書局，1966，共 149 頁）。全、何兩氏為專著，加藤氏則為短文，因屬同類文章，且易於坊間尋得，故聚萃之以評觀焉。

　　全氏專書，以時代為經，由上而下，從古代到近代，從起始到衰頹，共分十章敘述，對各個時代行會的特色、功用、流變，析述詳贍，使讀者非常容易明瞭行會在社會經濟中所扮演角色之輕重，允為全著的優點所在。尤其對各行會的習慣、隱語、業規都附有原始資料多種，極富參考價值。筆者以為作者對宋代行會（第四章）有空前的發展，不僅遍佈各地，種類亦趨於繁駁的現象，解釋為係當時生產關係改變，商業資本主義已經發達所致，此項見解可謂精闢透徹。全氏並指出此時行會已不能保持舊有的純粹形態，最明顯的變化有：（一）手工業變成商業資本的附庸；（二）豪商鉅賈常利用行會壓迫客商，勾結官府減免「行用」；中小商人則因負擔太重，往往私自營業而不肯入行。這兩項改變一直為後來的元明清所承襲。讀行會制度史，不能不明瞭此則變化。另外，第八章〈近代的商業行會〉對商會之範圍、會議、經費、會員都有詳密的規程，對訂立規約、調停、訴訟、同盟絕交（抵制外國經濟侵略勢力之用），商會也產生其作業的功效，全先生的敘述也非常細致，

皆堪爲全書的特色。唯第五章〈元明時代之行會〉，由於承宋代衍流，而終無
大異，故讀本章略有鬆散之感。但整體說來，欲明行會制度的始末興衰，全
先生的大作可謂有極大幫助，至少就所評列的三文而言，此書當爲最優先的
入門作品。

　　加藤氏之文，則逕從唐宋時代說起，明白指出「行」是（一）同業商人
組織；同時也是指（二）同業商店的街區而言。然後由此立論述起，對行（市、
團）做了些文獻的考證工作，確立同業商店的街區在唐宋之存在與其商業行
爲，再及行之種類（如肉行、米行、絲行……）組織（如行首）、與政府關係
（如免行役錢），此則與全書論述大同小異，不相上下，惟加藤繁氏對「行」
與「市」的制度關聯性做了清楚的闡述，是特別值得提出的。加藤以爲自唐
代中葉以降，「市」的制度逐漸廢弛，到了北宋中葉以後即完全崩潰。雖有某
種商店還依照「行」（同業商店的街區）的形式設置，但在「行」以外的及「行」
內雜設其他商店也不在少數，也就是說當時商店的開設，幾乎沒有任何限制。
此時行人之商業獨占權，瀕於崩潰的危機。加藤氏並以爲行人在市與同業商
店的街區已廢除後，依靠著同業組織的行（即（一））的力量，努力維持其獨
占權，而大體上他們是成功的。這點解釋是「行」能持續到清朝仍然存在的
理由。

　　將行與市的關聯性做此解釋的工作是全氏書中未明白加以申述的，但全
文涵括較廣，分朝代、層次的敘述，顯又是加藤氏單篇論文所未能如意的。
加藤博士還提到隋以前之行，則謂由於文獻難以確證，姑擬爲戰國秦漢年間，
即有同業商店成爲一團（即行）的制度存在，當時叫做「肆」，又稱爲「次」。
至於常用「行」來表示同業商店的街區，則是隋以後的事了。

　　會館則因行會而有。加藤繁之文提及會館並未佔去很多篇幅，全氏書則
列於第六章專論之。加藤以爲會館是明氏嘉靖隆慶以後，集中在北京的各省
官吏士子等按照他們的鄉籍差別而設置的憩息讌集場所，以後北京及各省的
商人會館即摹倣此性質而設立的。由商人興建之會館，實可再加探究之，蓋
商人約可分爲坐賈與客商兩種，外來商人爲謀團結之鞏固，棺柩之停藏（即
丙舍）和義園之管理，對設置會館的需要，較土著商人迫切得多；本地商人
之設館實是摹仿客商之後才有的。全漢昇氏對於會館之由來，則另強調鄉土
觀念作爲解釋的基礎，此則誠有必要，鄉人爲保護生命財產計，便依同鄉之
誼來組織互濟團體，故會館一則是同鄉之團體，一則又是同業之組合。全著

另及會館之組織，如設立方法、會員限制、經費來源都一一剖析，全氏還把會館的事業在社交、善舉、宗教、法律等方面與唐宋以來的行會做一比較，發現中古的行會目的只在免除本行會相互間的競爭，故有種種嚴厲的禁制，而會館目的則較爲擴大，在乎團結同鄉的工商業者成爲一堅固的壁壘，以與外力（含外地工商業者及外國勢力）抗衡，來保護該團體的利益。會館的會員愈受保護而發展，則其組織愈繁榮，故在作用上，會館對於會員消極的禁止較少，積極的保護較多。

　　全氏、加藤氏兩位學者對於會館的討論，無疑著重在工商性質的會館，亦即注重該性質會館的經濟功能討論，其研究方法是實地調查（加藤繁於 1927 年親至北京）行會之組織、功能、經費、規劃等，再加以詳細分析，然後作出一般推論。可是其對象由書中看來仍然偏重在行會，對會館制度則尚未有完整的研究。近人何炳棣博士之《中國會館史論》一書，即企圖彌補此一缺點而作。

　　何書捨引言、後記外，共分六章敘。茲簡述其目，以觀概括。第一章是〈籍貫觀念的形成〉，在說明（一）儒家孝的禮俗與法律；（二）有關官吏籍貫限制的行政性；（三）科舉制度對於養成籍貫觀念的影響，這些都是設置會館的重要緣由。第二章〈北京郡邑會館的起源與演變〉：會館在北京設立最早，約在永樂年間即有，比一般學者所認爲的草創時期要早百四十年左右。（全漢昇氏則以爲若捨名而論實，會館在南宋即已存在。見《中國行會制度史》頁92～94）早期會館屬同鄉仕宦俱樂部性質，並非試館，會館之爲試館在北京的會館當中，雖晚明即有其例，惟至清代始盛，若爲正式制度化的試館，則在乾隆一朝的前半。第三章〈晚清北京郡邑會館統計〉，主在探求各省北京會館數目之多寡，並解釋與其原籍地文物之興衰有所關連。晚清各省在北京會館總數爲四百多所，至民國後寖衰。第四、五章則爲〈會館的地理分佈（上、下）〉，會館大多設立在行政與工商業中心。作者根據大量庋藏於中外的方志累計而成。至於海外會館，則多倚華僑志而計。第六章〈會館與地域觀念的逐漸消融〉，行會與會館是中國民族小羣觀念特盛，大羣觀念薄弱的具體象徵，是說固有其理，但何著更提出同業的經濟利益遲早能克服同業內原來的狹窄地緣觀念之說法，他以爲最後總是超地緣的業緣組織之形成，可以削弱地緣組織的畛域觀念，共同經濟利益促使業緣的結合，長期全面的接觸也促成土客間的社會同化。

　　由上述我們可以看出何著之取向與全氏、加藤氏之著作迥異，作者引用大量的方志作統計，與加藤繁引述《太平御覽》、《太平廣記》、《酉陽雜俎》、《夢華錄》……等等做文獻審查是不同的，也是全書所缺的。作者始終把重心放在地緣組織的會館，故論來精審。筆者以爲本書的貢獻即在於：（一）運用方法新穎得當，以方志統計來說明會館之起源、數目及分佈，使會館在傳統中國尤其明清兩代的社會功能特別彰顯。（二）提出新見解與心得。茲有可述者二：一在推前會館史百四十年；另一則在提出各種地緣業緣組織經常接觸的結果，未嘗不無助於窄狹畛域觀念的消融和大羣意識的產生，這點對中國社會逐漸「近代化」的過程中，實有積極的推動作用。作者並以實例証明之。至於會館之爲試館，本書雖曾述及，不過著重點在制度的演變與詳實的作用。楊聯陞氏〈科舉時代的赴考旅費問題〉（《清華學報》新二卷二期）有較詳細的描述，欲對整個會館瞭解，亦可一併參閱。

　　綜上可悉，會館本爲行會的屬體。故本文先採以全漢昇之書、加藤繁之文說明行會，後再以兩氏論作中有關於會館的部分與何炳棣氏之宏著相排比以評述會館制度，並略論三氏著作之短長，或可因而藉以對行會與會館有一淺顯的瞭解。

黃仁宇《中國大歷史》評介*

作者：黃仁宇
出版社：聯經出版事業公司
出版地：台北
出版時：1993.10
頁　數：序 9 頁+368 頁
圖　表：繪圖 36 幀，表 5 幅

　　筆者自承乏本校外系中國通史（本國歷史）課程以來，即為尋找合適教材而頗傷腦筋。若是歷史本系學生，則指定錢穆賓四先生之《國史大綱》上下兩冊為必讀之物，恐人無異言，咸表贊同。蓋其書內容多戛戛獨造之言，允為不刊典著，為先生一生重要代表作之一，已是學界定論，不能移易。余英時先生盛譽此書仍是迄今為止最好的一本中國通史著作，洵是有見。但若以此書施受於非文史學系諸生，恐遭致相反效果，累及先生令名，理由在於該書文字並非易讀，篇幅又高達七百餘頁，以如是龐大內容欲在一學年六十餘小時內授完，讓外系不同資質之學生都能欣賞錢氏會通史學、即事言理、學術思想內涵均甚豐富的該書，無異緣木求魚，遑不可得！故筆者只能捨錢著而另覓他書，幸近有黃仁宇先生《中國大歷史》一書問世不久，疑難問題因而得到相當程度的圓滿解決。

　　《中國大歷史》（以下簡稱《大歷史》）原名是 *China: A Macro History* 由美國 Sharpe 公司於 1988.11 首次印刷，普及本於翌年五月出版，增訂本則於 1990.4 發行。並在 1993.10 由作者親譯改寫成中文本問世，一饗國內讀者。本文即就中文本簡略加以評述，俾了解該書梗概。

　　就結構而言，是書共分 21 章，由遠古敘至今日之台港澳三地，撰寫方式上確係通史的標準形式。但大致作者分成四個主要部分，攤派在 21 章當中。

---

* 本文原刊《興大歷史學報》第 6 期（台中，1996.6），頁 161～166。

第 1 章至第 3 章敘述中國古代歷史文化（遠古——周），以後諸章則分述第一帝國（秦——後漢）、第二帝國（隋——南宋）、第三帝國（元——清），至 20 章〈現代中國及其在世界上的地位〉，其實已可作結，但作者猶以〈台灣、香港、澳門〉為題作 21 章目，作為《大歷史》之驥尾，可以顯見作者關懷生人與放眼未來，頗類大歷史家之手筆。在這四大主要部分當中，基本上作者並未有厚此代薄彼代（如傅樂成《中國通史》詳漢唐略他代）之殊分，章節比重相當，落墨也頗勻稱。21 章子目亦甚奇特，看似前後無關，實則內中理氣一貫，且每章之中的重要段落，都有大號加墨字體之小標題，提醒讀者注意，此點為原文本所無，確有其方便之處。就上面而言，《大歷史》已與一般傳統史著率多以朝代先後為序，作為章節題目的撰述方式迥異了。「史無定法」在少數有心得高成就的學者著作裏，確實展示了他們對歷史那份獨特的領悟。

就內容而言，《大歷史》有幾點性質也構成其異於一般著作之處。茲分敘之：一、全書從頭至尾採以宏觀角度審視歷史。「宏觀」之為法，在〈自序〉序文中作者已清楚交待，不必贅言，只是本文作者要強調，能將此法運用於歷史解釋，且甚具體得體，實未曾多見。因此法貫穿全書，例子實多，茲僅舉一二例以說明本文所言無虛。《大歷史》第 13 章對元朝提出一個宏觀的看法說：

> 蒙古人這一階段是中國第二帝國和第三帝國間的過渡階段。元朝承接了唐宋的成長與擴充，在科技方面尚有繼續之增進，可是它沒有投入新的燃料使這運動不斷的進步。當它在財政上無法突破，讓稅收數遲滯於低層、又強調「農業第一」的情形下，它實際上已將第三帝國的收斂態勢預先提出。後者只要加入內向和不帶競爭性的格調，即可以完成這歷史上的大轉變。而這情形也就出現於明朝。（頁 204）

至第 14 章〈明朝〉更說明因權力高度集中中央且擁有農村集團的特色，導致以後主政者不得不一次次採取內向、緊縮的政策，以應付從內外紛至沓來的問題（207），終使明清，確切而言在 1800 年以前的中國，轉型成內向、停滯和非競爭性的國家。這項觀察與同樣是 1988 年出版的《河殤》在某些程度是相當類似的。另外，在 18 章〈從鴉片戰爭到自強運動〉以後，作者亦採取一百五十年縱深的宏觀看法，說明近代中國歷史便在種種危機與改革不斷深化的情形下，前仆後繼，犬牙交錯（279）。

二、貫穿全書的另一基軸是「數目字上的管理」。此項看法與前者宏觀角度，猶比一在「外」，一在「裏」；一是「神」，一是「髓」，「數目字管理」

皆喻如後者。筆者以爲此點看法與金觀濤對中國長期歷史的觀察，提出「超穩定結構」一說，頗有神似之功，只是取徑、功能不同。要在兩家對中國歷史長期觀察之後，都有系統的、獨特的心得。一般學者欲臻于此，並不容易。黃仁宇先生在書中屢屢提出「數目字管理」（65、162、179、181、236、321），大都用在對於歷代政府之官僚機構、行政組織、財稅經濟做評斷時，做爲基準工具的，他認爲歷代之所以朝政紊亂、改革失敗都出自於數目字管理不行或尚未成熟所致，數字管理是有別於意識形態、人事關係、道德仲裁這此項目的。或許上列項目經君王或主政者以其專才得以實施而具有效用，可以度過一段不短的時期，但終致還是趨向混亂敗亡。黃氏以其宏觀的看法，說明歷朝歷代都未能「數目字管理」所致故耳。由此可知，《大歷史》　書中，「宏觀」與「數字管理」是相輔相成，互得益彰的。至於實例，就請免舉（請參上則頁數，翻查即得），以省篇幅。透過以上兩者，《大歷史》能從長遠的社會、經濟結構觀察歷史的脈動，於焉清晰展現在吾人的眼前。

　　三、《大歷史》中尚有從小事件看大道理、注重人物與時勢的交互作用及上層結構與下層結構的結合等方法，亦足一觀，茲略言之，以見作者之慧心。以第一則的小事件看大道理舉例來說，作者以張擇端〈清明上河圖〉的一隅，說明「在宋朝較進步的經濟部門不能成爲一般人民日常生活的領導力量。朝代之富庶根據當日的標準，只是使一個龐大無朋的行政機構之管理人員生活舒適。它是一種被動性的事物，而不是一種籌謀協定的主宰，因之它不能成爲國家高層機構和低層機構的紐帶」（181）也斷定「宋代中國之商業並不能產生一種品物的全能交換性（只有這種性格才能產生新的管制方式）」（180～181）；以秦兵馬俑的出土，說它「證實了歷史書裏所說戰國時代全面動員的事蹟，它也指出當日百家爭鳴之所述非虛。它也表明中國二千二百年的歷史，確有垂直的莖幹存在，很多帶有中國性格的特徵即已出現」（47）；以第二則人物與時勢交互作用來說，則可舉之例，亦不勝繁多。如：第二章〈亞聖與始皇〉，將孟子與嬴政並提，一般讀者可能覺得奇怪，甚至看完第二章之後，僅見作者寫有「亞聖與始皇，恐怕他們自身還沒有體會到的時候，某些客觀因素已經把他們生平事業牽連在一起了」（24）仍不明所以，但若繼續展讀至頁 28 至 32，就可明瞭作者在人物與時勢相互激盪下對時代所起的歷史作用之高明見解了。其他如：始皇的統一大業（42～45），劉秀鼓吹天人合一（74～

76）岳飛的冤死（173～174）等等，在在均可說明之；至於上下層結構的說法，作者亦偶用之說明歷代社會的進程，除前舉之宋代之經濟活動仍不能成為國家高低階層之紐帶外，作者運用此說的最大場合，則在說明 1905 年廢停科舉，使高層機構（政府）與低層機構（民間）對話交流的聯絡線，因而截斷（312），以及在第 20 章說明國民黨與蔣介石創造了高層機構，與共產黨和毛澤東創造新的低層結構，作者剴切指出：兩者的匯流，最後之目的在使中國接近世界標準，能在數目上管理，擴大這國家功能上可活動的程度，也增進它結構上的實力（339）。

最後再提第四點：縱覽《大歷史》全書，作者表現最出色的，除上述一、二點外，即是對中國歷朝歷代的社會經濟，特別是財稅方面的敘述，可說是前無古人的，也因為此點所構成的突出特色，頗使本書具備「一家之言」之勢。以此成就，衡諸各家中國通史著作而言，可說是一般傳統史家所做不到的，是在一般通史著作的水準以上的，也是歷來通史著作「別開生面」的另一著作，故總合而言，是值得喝采的。當然具體事例請翻查該書如針對王安石新政起落轉折（163～170）、宋代科技無法進一步發展（186）、第二帝國缺乏經理能力財政未上軌道（238）、明朝衰亡（254～255）等等重大歷史事故，莫不以財經為主軸分析當時社會情勢，而頗能盡其曲折，令人一新耳目的。然而，亦由於此點，《大歷史》全書在文化思想等方面的著墨，就顯得比較薄弱了，但這似乎是無可如何的事，是魚與熊掌的兩難局面。作者本書的貢獻，已足可稱道了。

當然，《大歷史》一書的特色尚不止於以上臚列的四點，諸如作者擅長從中外歷史進程的比較來提示中國歷史的特殊問題，作者在章節之中，往往中外史實互相交錯敘述以襯托中國歷史的發展性質（尤對中文讀者而言），當然，這樣必須具備學貫中西的條件，始足以如此，作者是當之無媿的。如書中以新教來審視太平天國（289～290），確實發人深省。但若干引例，則似乎對於作者原來設定的讀者群（即英文本讀者）較有意義。作者也擅於運用社會科學的一些學理，如地緣政治（Geopolitics）、經濟樞紐區域（Key Economic Areas）、問架性設計（Schematic Design）等等用來解釋三國兩晉南北朝長期分裂的局面（87～94），效果亦令人印象深刻，確實值得拜讀。

不過，書中仍有一些瑕疵，可以提出向作者繼續請益的，大致可以分成兩方面來說：

一、史實方面

（一）序文 iv-v，有云「《資治通鑑》也用《二十四史》作籃本」，此語係衍自前面所云「中國通史的原始資料不能脫離《二十四史》」而來，自然可以理會。但嚴格而言，《資治通鑑》在宋代頂多只能引用二十四史中的十七史而已，故是語略有語病。

（二）頁 14，第 3、4 行，「周人之始祖契據說自幼就熟悉栽種食物和麻，成年之後成爲商朝的農官」，查諸《史記·周本紀》則載云：「周后稷，名棄。其母有邰氏女，曰姜原。……棄爲兒時，屹如巨人之志。其游戲，好種樹麻、菽，麻、菽美。及爲成人，遂好耕農，相地之宜，宜穀者稼穡焉，民皆法則之。帝堯聞之，舉棄爲農師，天下得其利，有功。帝舜曰：『棄，黎民始飢，爾后稷播時百穀。』封棄於邰的，號曰后稷，別姓姬氏。后稷之興，在陶唐、虞、夏之際，皆有令德」故知此處所引，錯誤有二：（1）周之始祖非契是棄，（2）成年之後不作商朝農官，應是堯舜及夏之農官，蓋后稷卒，其子不窋立，不窋末年，夏朝尚未衰亡，故知棄無法擔任商朝官職。

（三）同上頁，第 13 行，「以周代商，事在公元前 1027 或 1122 年」不管作者所據是何而云然？筆者以爲應列入 1111 年較妥，因爲後者是依據董作賓先生所考訂的，雖未必即是定說，但可信度較高，則亦恐是事實。〔註1〕

（四）頁 16，第 5 行，「周代的祖先崇拜」取代以前之萬物有靈的信念（animish），其實祖先崇拜在中學教科書內即說商人已有之，不待周代。據近來考古發現，祖先崇拜之習，恐更應推早至新石器時代中晚期了。

（五）頁 18，倒 3 行，「周朝全國的耕地據說構成一種『井田制度』」，這是全書中首次談井田制的地方，但今人或多以爲井田制甚至在商朝即已開始實施了。

（六）頁 115，倒 2 行，「484 年北魏國都由今日的大同遷往洛陽」。按：應作 494 年才對。

（七）頁 310，第 5 行，「他（袁世凱）的皇帝也只做了 81 天」。一般說法都從 1916 年元旦改元洪憲，算到該年 3 月 22 日廢止年號，「洪憲帝制」前後共存在了 83 天。另有一說則從袁氏公開申令承認帝位案到取銷帝位案的時間爲依據，即從 1915 年 12 月 12 日至 1916 年 3 月 22 日，前後共 102 天，但

〔註1〕近有上海交通大學科技史系教授江曉原及其助理撰有《武王伐紂：古代天文年代學》提出，甲子之日爲公元前 1044 年 1 月 9 日，可參。

以前一說較被接受。因而，當無 81 天之說。另則是有的學者意見不以爲袁氏
眞坐上了帝位，因爲自 12 日承認帝位，翌年元旦準備登極，但 12 月 25 日護
國軍起義，反袁行動蓬勃展開，浪潮席捲全國，再加上「五國勸告」，使袁氏
不得不由緊鑼密鼓轉至延緩觀望，最終竟至被迫取銷。預定正式登極大典也
一拖再拖未敢舉行，因而嚴格而言，袁氏只做了一場 83 天的皇帝夢而已。

（八）同上頁，第 8 行，「這一次（案：指張勳復辟）爲時更短，君主制
度只存在了 21 天。」其實只有 12 天即告結束，筆者索查原文，亦是 12 天，
故此則當是筆誤或是誤排所致。

二、錯字誤植方面

茲爲清楚便覽起見，列成後表：

頁――行	誤	正	頁――行	誤	正
vii-21	和和	和	110- 3	源來	來源
14-10	東	西	115-15	先卑	鮮卑
28-2	衝	沖	117- 5	無餘	無遺
28-5	尤期是	尤其是	128-21	泰族	傣族
33- 5	私毫	絲毫	137-10	轍	輒
33-14	綠	緣	145-16	洲	州
41- 9	擬寓	擬喻	169-7	害恐怕	害怕
44-15	樹碑	豎碑	117- 6	難於	難以
46-10	庭	廷	196-4	及	及，
55-13	般	盤	236-22	縱	綜
59-10	被	被迫	243-6	說並	說法並
62- 4	間題	問題	249-19	攻	政
63-14	無餘	無遺	270- 5	信民	信徒
73-16	內函	內涵	281-19	尤	其
77- 6	之，	之下，	286-19	香	香港
82- 4	也司馬	司馬也	287-19	一八	一萬八
86-12	大但	但大	320-22	秘書長	總書記
99- 2	因難	困難	330-11	般	船
102- 7	不懷	懷	363-10	受過育	受過教育

　　以上分成兩方面指出《大歷史》的瑕疵，再相較於前述該書的四大特點，即可發現瑕不掩瑜，優點遠勝過缺點，這些枝節性的小疵，無損於全書之宏構。由此知該書可謂是不僅適合外國讀者閱讀，對國內讀者而言，亦甚具啓發性與教育性，故是一本值得購買、閱讀及收藏三部曲同時進行的好書，讀者幸勿失之交臂。

附　錄　歷史的趣味*

　　漢許慎說文解字云：「史，記事者也，從又持中，中，正也。」近世梁任公在《中國歷史研究法》一書中也說：「史者何？記敘人類社會賡續活動之體相，校其總成績，求得其因果關係，以為現代一般人活動之資鑑者也。」法哲服爾泰也說過：「我想知道人類由野蠻到文明每一階段的情形……。」

　　自來就有諸多名家由不同角度給予「歷史」不同的界說，來輔助後學者對歷史的瞭解。當然，唯有在對歷史所負有的意義，有了基礎而又必要的認知後，方能對它知之而好之而樂之了。

　　我說不上知道歷史，當然更談不上「好之」，「樂之」了。以往看過《播種者胡適》、《胡適評傳》、《胡適研究》的作者，曾以「歷史的眼光」和「歷史的訓練」來稱頌胡適具有這兩者的修養，而非訮一般學者之沒有歷史眼光和未受過歷史的訓練。我想從我手邊僅有的文星本十三冊一套的《胡適選集》及自由中國社印有的《胡適言論集》窺出胡適那裏賅備了歷史的眼光與訓練？但是，限於淺視仍不明究裏，又執以問任課先生，也還不明白歷史的眼光是什麼？歷史又會給人以如何的訓練，而其訓練的效果又是什麼？原來，我的迷惑不解，不在於未曾讀過對歷史眼光與歷史的訓練有任何解釋性的文字，也不在於任課先生的解惑能力不夠高明，而實在是在於我個人對歷史是否具備了基本知識來接受歷史。

　　於是，我刻意地追求歷史的神旨，我但覺歷史就是人生。

　　從廣義言之，歷史是整個人類的歷程，進而可推演到混沌之初；就狹義來說，則是一段時間的累積，是個人一生已往的經驗。然而，不管是廣義的

──────────────────

* 茲文原刊於《民族晚報・副刊》，1976.1.21.

或狹義的歷史，我們所要做的是觀察並瞭解全部的人生，來求得其中的意義和價值，這種歷史，這種人生，才是恰當的，有價值的，有參考性的，也就是說這樣的歷史才是活的，有趣味的。

事實上也就是如此，太過重視古代的研究，並無任何價值，除非我們能夠在當代的生活造成主動的重演或借鑑。司馬光的一部《資治通鑑》上下千年縱橫萬里，就是「資治」用的。我們保留人生經驗，發揮全部人生中的重大意義，傳諸後世，也必能在時間的傳遞，而瞭解歷史的過程所帶來的趣味價值。

唯有在知道歷史的意義和功用之後，才能覺出歷史的趣味。歷史既是人生，所包涵的並非芝麻綠豆，而是龐大的，因而它予人的趣味，就是人生的趣味，而不是一本吸引人的小說趣味。

因而，這些年來我對歷史感到興味盎然的，也就在於歷史給我個人有下列的趣味性：

（一）歷史像一個公庭——歷史決不會予任何一件事物有過份主觀的、武斷的判斷；史書上所載的秦始皇，固被形容描繪成暴君，但也被記載成一個頗多建樹和作為的君主——公平的，正義的。理性和知性告訴我們是這樣的。

（二）歷史是一個大幽默家——公元 732 年，回教徒在 Tours 的挫敗，使法國和西班牙能夠避開以回教的《可蘭經》來代替《聖經》的結局，也因為如此，天主教優越的組織、教規、道德觀念，又可以抵消後來的新教改革和法國啟蒙運動所生成的影響。世上難找像「歷史」這樣偉大的幽默者了。

（三）歷史能夠使人聰明——這簡直有舉不完的例子。羅馬從一個十字路口的小鎮崛起，而成為獨霸世界的主人翁，為何？韓信由一個胯夫變成一代大將，為何？秦始皇已經過去了，假若現在和將來的不久又出現了一位新的秦始皇將會如何？為什麼？……我們可以透過歷史藉著時間上的史實和空間上的萬物去透視我們人類六千年來的行為，一定能夠比只讀柏拉圖、史賓諾莎、康德、黑格爾的著作更了解人類的性質。沈剛伯教授曾說：「讀史能夠使人聰明。」我們可以很簡單地明瞭歷史能使人聰敏的道理。

（四）歷史是一齣戲——戲是「一種有意義的安排」。譬之如羅馬經過數百年的安定與和平，漸漸地受到來自四面八方蠻族的包圍，從長期的緩慢的腐蝕以至於最後全面的崩潰而進入了黑暗與混亂的局面——確是人類難見的一齣偉大的戲。

　　歷史可能還有其他趣味。每個人對歷史都可以採取一個較適合自己的角度去觀察它，它的趣味性也必不一而足。但我所知道的，已經足夠讓我孜孜地去貢獻一點求知的力量了，至少，我敢向大家說明的一件事是歷史並不會索然無味的，相信只要奉獻出足夠的歷史求知精神，也許不稍些年的工夫，我們都可以擅改十七世紀一代怪傑金聖嘆的不亦快哉第三十三則：「讀虬髯客傳，不亦快哉！」為「讀古今中外史書，不亦快哉！」了。